"十四五"国家重点出版物出版规划项目

现代职业教育发展国别研究丛书

总 主 编 米 靖
副总主编 赵文平 孙翠香

国家出版基金项目
NATIONAL PUBLICATION FOUNDATION

U0658336

瑞士
职业教育研究

孙思玉 著

外语教学与研究出版社
FOREIGN LANGUAGE TEACHING AND RESEARCH PRESS
北京 BEIJING

██ 图书在版编目（CIP）数据

瑞士职业教育研究 / 孙思玉著. —— 北京 ：外语教学与研究出版社，2024.8
（现代职业教育发展国别研究丛书 / 米靖总主编）
ISBN 978-7-5213-5216-0

I. ①瑞… II. ①孙… III. ①职业教育－研究－瑞士 IV. ①G719.522

中国国家版本馆 CIP 数据核字 (2024) 第 103644 号

瑞士职业教育研究
RUISHI ZHIYE JIAOYU YANJIU

出 版 人　王　芳
项目负责　李淑静
责任编辑　牛贵华
责任校对　李　辉
封面设计　范晔文　彩奇风
出版发行　外语教学与研究出版社
社　　址　北京市西三环北路 19 号（100089）
网　　址　https://www.fltrp.com
印　　刷　北京捷迅佳彩印刷有限公司
开　　本　710×1000　1/16
印　　张　13
字　　数　206 千字
版　　次　2024 年 8 月第 1 版
印　　次　2024 年 8 月第 1 次印刷
书　　号　ISBN 978-7-5213-5216-0
定　　价　56.00 元

如有图书采购需求，图书内容或印刷装订等问题，侵权、盗版书籍等线索，请拨打以下电话或关注官方服务号：
客服电话：400 898 7008
官方服务号：微信搜索并关注公众号"外研社官方服务号"
外研社购书网址：https://fltrp.tmall.com

物料号：352160001

记载人类文明
沟通世界文化
www.fltrp.com

总序

当前，世界处于百年未有之大变局，经济全球化发展的巨变进一步推动全球治理体系的变革。职业教育作为一种与社会经济发展密切相关的活动，既能助力社会经济发展，也会受社会经济发展新态势的影响而不断转型变革。经济全球化使人才市场趋向国际化，世界性的人才供给市场正在形成，作为人才供给端的职业教育正在形成全球治理的新格局。世界职业教育发展进入一种"共生、共享"的新格局。职业教育对外交流合作的水平和程度成为一国职业教育能否高质量发展的重要标志，在坚持和扩大教育对外开放政策和"一带一路"倡议指引下，中国职业教育对外交流合作呈蓬勃发展之势。打造中国特色职业教育品牌，融入全球职业教育治理新格局，亟须加强职业教育国别研究。

2022年，教育部在天津举办首届世界职业技术教育发展大会，以"互学互鉴、共商共享"为理念，促进职业教育的国际交流与合作。大会作为促进职业教育国际交流与合作的新平台，作为推动我国同世界互学互鉴、交流分享职业教育发展的重大活动，其可持续性影响力的传播有赖于对大会成果进行持续的研究、转化和推广。因此，出版一套"现代职业教育发展国别研究丛书"非常必要，对于扩大大会的影响力，推动大会成果落实落地，增强中国职业教育的国际话语权，提升我国同世界职教的对话能力具有重要价值。

基于上述考虑，天津职业技术师范大学职业教育学院团队牵头，组织校内外相关人员组成的编写团队进行多次研讨论证，统一编写理念，凝聚编写思路，全力打造了本套"现代职业教育发展国别研究丛书"，旨在共享他国职业教育治理模式。本丛书主要围绕"一带一路"共建国家及其他相关国家和区域的职业教育发展历程及现状，策划了《英国职业教育研究》

《德国职业教育研究》《泰国职业教育研究》《瑞士职业教育研究》《葡萄牙职业教育研究》《印度职业教育研究》《柬埔寨职业教育研究》《巴基斯坦职业教育研究》《南非职业教育研究》《印度尼西亚职业教育研究》《埃塞俄比亚职业教育研究》《新加坡职业教育研究》《埃及、摩洛哥职业教育研究》《俄罗斯、塔吉克斯坦、哈萨克斯坦、乌兹别克斯坦职业教育研究》《西非四国（尼日利亚、科特迪瓦、加纳、马里）职业教育研究》15本著作。各书主要围绕各国概况（包括该国的历史、政治、经济、社会、人口、产业、劳动力市场发展情况等）、教育体系、职业教育和培训体系、职业教育治理机制（包括职业教育立法体系、职业教育管理机构和机制、经费支持、职业教育政策发展、国家资格框架等）、职业教育教师培养及培训、职业教育机构教学模式与方法、职业教育国际交流与合作等方面的内容进行撰写。

本丛书的总体编写思路如下：一是突出各国职业教育发展的特色，对各国职业教育的研究求同存异，既找出其共性的普遍发展规律，也彰显出各国的独特性；二是挖掘各国职业教育背后的社会经济、文化传统、制度体系等因素，跳出职业教育来审视职业教育，克服就职业教育而谈职业教育的状况，将职业教育放在国家整体发展的格局中来审视，分析各国职业教育背后相关因素的作用；三是揭示各国职业教育发展的内在规律，分析各国职业教育发展情况的根本意义在于为全球贡献可供借鉴推广的一般性内在规律，促进全球职业教育的共进发展。

为高质量打造本丛书，我们组织了一支优秀的团队，以天津职业技术师范大学的青年教师为主，同时协同了校外和境外的专家学者，他们拥有深厚的职业教育研究功底，具有较为丰富的国际职业教育研修经历，很好地保障了丛书的撰写质量。丛书撰写的过程中，我们多次召开研讨会，在编写思路、写作规范和成文风格等方面互相碰撞，不断打磨，形成了统一的范式，也绽放了各自的个性，在规范化和个性化之间保持了张力。

本丛书的出版得到了外语教学与研究出版社的大力支持，外语教学与研究出版社面向国际，近年来特别关注职业教育领域的选题和项目，以积极开放的态度服务中国职业教育对外交流合作。在此，特别感谢外语教学与研究出版社的策划及编辑团队，相信本丛书在外语教学与研究出版社出版，必将更加大放异彩。

我们坚信，在中国职业教育对外合作交流的大格局中，"现代职业教育发展国别研究丛书"将成为理解世界各国职业教育发展现状的桥梁和彰显我国综合国力、文化软实力的载体，为构筑"人类命运共同体"贡献独特的力量。

"现代职业教育发展国别研究丛书"编写组

2022 年 7 月

前言

　　瑞士是全球最富裕、社会最安定、经济最发达和拥有最高生活水准的国家之一。十多年来，瑞士一直被评为"全球最具竞争力和创新性"的经济体之一，同时也是欧洲国家中青年失业率最低的国家之一。瑞士经济发展中的一个被广泛提及的关键驱动力和关键组成部分是其具有的世界领先的职业教育体系，高质量的职业教育是瑞士经济创新实力和效率的核心支柱。这种基于理论和实践相结合的职业教育模式深深扎根于瑞士的文化和经济中。

　　作为全球职业教育的"黄金标准"，瑞士职业教育具有鲜明的特色和非常成熟且完善的体系结构，不仅为国家、企业带来诸多好处，更对年轻人具有强大的吸引力，是瑞士最受欢迎的教育形式。三分之二的瑞士年轻人在完成义务教育后选择接受中等职业教育和培训，他们可以在大约250种不同的职业中进行选择。作为一种基于双元制的职业教育，瑞士职业教育和培训模式将企业带薪实践培训与职业学校课堂指导相结合，为年轻人提供了在工作场所基于实际工作的培训和在学校进行理论知识学习的机会。每个职业教育和培训项目周期为2—4年，重点关注提高年轻人的发展能力和为年轻人提供劳动力市场所需求的专业资格，培养劳动力市场上紧缺的职业人才。瑞士联邦政府、各州政府和行会组织三方各司其职，在法律制定、决策监管、资金供给等多方面共同致力于瑞士职业教育体系的建设和支持。在瑞士，技能的价值深入人心，高技能专业人才在就业市场备受青睐。

　　瑞士职业教育还提供了高度灵活的学习途径以及充分的学习和职业发展机会，以确保所有教育途径没有死胡同。瑞士职业教育的渗透连通性使学生可以在不同教育途径中灵活转换，无论是从学院派教育到应用型教育的转换，还是从中等职业教育到高等教育（普通教育或职业教育）的转换，都能切换自如，使个人能够继续深造和培训，这是该体系的最大优势之一。瑞士行之有效的职业教育体系和制度，为其国家竞争力的巩固和提高以及国家的可持续发展提供了重要的专业人才保障。

2022年，首届世界职业技术教育发展大会在天津召开，大会以"互学互鉴、共商共享"为理念，旨在促进职业教育国际交流与合作。作为大会成果"现代职业教育发展国别研究丛书"之一，本书试图全面深入研究瑞士职业教育的成功经验，挖掘瑞士职业教育发展的内在规律及独特性，特别是双元制职业教育和培训体系、双师型教师队伍建设、学徒制等情况，为我国推进职业教育发展、增进职业教育国际交流与合作提供借鉴和参考。

本书共分九章，前两章是"总"，从瑞士的人口、经济与劳动力市场情况，以及瑞士教育体系等方面进行阐述，为后文介绍瑞士职业教育的产生和发展提供背景性资料；后七章内容是"分"，力图从瑞士职业教育体系、瑞士学徒制、瑞士职业教育治理机制、瑞士职业教育教师资格与培训、瑞士国家资格框架、瑞士职业教育和培训的国际合作以及瑞士职业教育的未来愿景与挑战等多个方面，系统性地描绘瑞士双元制职业教育的全貌、内涵和特色。

本书所采用的资料、信息、数据大多来源于瑞士各层级政府部门官方网站，力求通过高质量的资料和数据，较为全面、客观、真实地呈现瑞士职业教育的全貌。本书研究所涵盖的主题内容较为广泛，力图从多个视角、多个层面深入剖析瑞士职业教育的优势特色和成功的关键性因素。

本书在编写过程中参考、吸纳了诸多国内外关于瑞士职业教育研究的成果和文献资料，在此谨向有关学界前辈、专家学者和文献所有者表示衷心的感谢。此外，还要感谢天津职业技术师范大学对本书内容的策划和指导，以及给予我的大力支持和帮助。感谢外语教学与研究出版社的鼎力相助。最后，本书的顺利出版还要特别感谢我的家人，他们的全力支持与鼓励让我可以一往无前。希望本书能为国内职业教育研究者、政策制定者、企业管理人员以及对瑞士职业教育感兴趣的学者和同仁提供一定的参考。

本书为全国教育科学"十三五"规划 2019 年度教育部青年项目（课题号：EIA190500）阶段性成果。

孙思玉　博士

天津职业技术师范大学职业教育学院　副教授　硕士生导师

2023 年 8 月于天津

缩略语

aFDHE	Advanced Federal Diploma of Higher Education 联邦高等专业考试文凭
cant.UNI	Cantonal Universities 州立大学
CBA	Cost-Benefit Analysis 成本效益分析
CET	Continuing Education and Training 继续教育与培训
DPA	Directorate of Political Affairs 政治事务局
EAER	Federal Department of Economic Affairs, Education and Research 联邦经济事务、教育和研究部
ECTS	European Credit Transfer and Accumulation System 欧洲学分转换和积累体系
EDK	Swiss Conference of Cantonal Ministers of Education 瑞士州教育部委员会
EHEA	European Higher Education Area 欧洲高等教育区
EIS	European Innovation Scoreboard 欧洲创新记分牌
EmpA	Employment Act 就业法
EPO	European Patent Office 欧洲专利局
EQF	European Qualifications Framework 欧洲资格框架
ETH	Federal Institutes of Technology 联邦理工学院
FCVPET	Federal Commission for Vocational and Professional Education and Training 联邦职业教育和培训委员会
FDFA	Federal Department of Foreign Affairs 联邦外交部
FDHE	Federal Diploma of Higher Education 联邦职业考试专业证书
FVB	Federal Vocational Baccalaureate 联邦职业高中会考

GDP　　　Gross Domestic Product 国内生产总值

GII　　　Global Innovation Index 全球创新指数

GTCI　　Global Talent Competitiveness Index 全球人才竞争力指数

ILO　　　International Labour Organisation 国际劳工组织

ISCED　　International Standard Classification for Education《国际教育标准分类法》

KBSB　　Swiss Conference of Directors of Occupational, Educational and Career Guidance 瑞士职业、教育和职业指导主任会议

LCS　　　Language, Communication and Society 语言、沟通和社会技能

LENA　　List of Apprenticeship Positions 学徒职位列表

MiR-PEI　EAER Ordinance on the Minimum Requirements for the Recognition of Study Programmes and Continuing Education and Training at Professional Education Institutions《高等教育院校课程和文凭后课程认可最低要求条例》

nqf.ch-HS　Qualification Framework for the Swiss Higher Education Area 瑞士高等教育国家资格框架

NQF-VPQ　National Qualifications Framework for Vocational and Professional Qualifications 瑞士职业教育国家资格框架

OECD　　Organisation for Economic Co-operation and Development 经济合作与发展组织

OPET　　Federal Office for Professional Education and Technology 联邦职业教育和技术办公室

PET　　　Professional Education and Training 高等职业教育和培训

PPP　　　Public-private Partnership 公私合作伙伴关系

QF EHEA　Qualifications Framework for the European Higher Education Area 欧洲高等教育区资格框架

SBBK　　Swiss Conference of VET Offices 瑞士职业教育和培训办公室会议

SCCRE　　Swiss Coordination Centre for Research in Education 瑞士教育研究协调中心

SDBB	Swiss Service Centre for Vocational Training, Study and Career Counselling 瑞士职业培训、学习和职业咨询服务中心
SDC	Swiss Agency for Development and Cooperation 瑞士发展合作署
SECO	State Secretariat for Economic Affairs 联邦经济事务总局
SEM	State Secretariat for Migration 联邦移民局
SERI	State Secretariat for Education, Research and Innovation 教育科研与创新国务秘书处
SFIVET	Swiss Federal Institute for Vocational Education and Training 瑞士联邦职业教育和培训学院
SFUVET	Swiss Federal University for Vocational Education and Training 瑞士联邦职业教育和培训大学
SLFS	Swiss Labour Force Survey 瑞士劳动力调查
SPIVE	Swiss Pedagogical Institute for Vocational Education 瑞士职业教育研究所
UAS	Universities of Applied Sciences 应用科学大学
UAT	University Aptitude Test 大学能力倾向测试
UNESCO	United Nations Educational, Scientific and Cultural Organization 联合国教科文组织
UTE	Universities of Teacher Education 师范大学
VET	Vocational Education and Training 中等职业教育和培训
VPET	Vocational and Professional Education and Training 瑞士职业教育和培训体系
VPETA	Vocational and Professional Education and Training Act《联邦职业教育法》
VPETO	Vocational and Professional Education and Training Ordinance《职业教育和培训条例》

目录

第一章

瑞士人口、经济与劳动力市场

瑞士地处中欧，面积 41 284 平方公里，人口 873.88 万。背靠阿尔卑斯山区，湖光山色驰名全球，被誉为"世界花园"。同时，瑞士还有"钟表王国""金融之国""欧洲水塔"等美称。

瑞士是高度发达的工业国，实行自由经济政策，是世界上最富裕的国家之一。瑞士经济高度发达，位列全球二十大经济体，曾连续十二年位居全球创新指数排行榜榜首，"瑞士制造"被视为高质量的象征。同时，瑞士也是欧洲青年失业率最低的国家之一。

瑞士拥有四种官方语言，欧洲的三种重要文化在这里融合，形成了德语区、法语区和意大利语区。瑞士是众多国际组织总部或办事处所在地及国际会议的主办国，日内瓦为世界上最重要的国际合作中心之一。同时，瑞士还是联合国、欧洲委员会、欧洲安全与合作组织、法语国家及地区国际组织等一系列国际组织和区域组织成员。

第一节　瑞士国家概况

一、自然环境

瑞士北部与德国接壤，东临奥地利和列支敦士登，南临意大利，西临法国，是位于中欧的内陆国。全国地势高峻，以高原和山地为主，有"欧洲屋脊"之称。瑞士西北部的汝拉山区、中部的平原及南部的阿尔卑斯地区构成三个自然地形区。连接欧洲南北的主要干线穿越了瑞士的阿尔卑斯山。欧洲三大河流——莱茵河、罗纳河和因河均发源于瑞士。

二、行政区划和主要城市

瑞士的行政区划分为三级，即联邦、州和市镇。全国由 26 个州组成（其中 6 个州为半州）。伯尔尼是瑞士的首都、行政中心，也是一个文化和旅游城市。该市市区人口 14.44 万（2023 年），瑞士联邦政府、议会及瑞士国家银行、各国大使馆及一些国际机构均聚集于此。伯尔尼老城作为欧洲保存最为完好的中世纪古城之一，是联合国教科文组织认定的第一批世界文化遗产。

苏黎世，瑞士第一大城市，瑞士的经济之都，工商业、科学和文化中心，也是西欧重要的金融中心。苏黎世证券交易所交易额在西欧交易所中首屈一指。苏黎世也是世界最大的黄金交易市场之一。日内瓦，瑞士第二大城市，联合国等许多国际组织和机构总部所在地。日内瓦是世界钟表之都，也是重要的世界大宗商品交易中心。洛桑，瑞士第五大城市，沃州的首府，瑞士西部仅次于日内瓦的经济政治中心，瑞士法语区的文化中心。洛桑因是国际奥委会总部及奥林匹克博物馆的所在地而被称为"奥林匹克之都"，瑞士联邦法院、洛桑国际管理学院、洛桑大学、联邦理工学院、世界酒店培训中心等各类文理学院、组织机构、艺术院校均坐落于此。

三、民族和语言

瑞士是由瑞士籍日耳曼人、瑞士籍法兰西人、瑞士籍意大利人和少数会讲多种列托－罗马方言的列托罗马人后裔组成的多民族群体。

瑞士有四种官方语言，分别是德语、法语、意大利语及拉丁罗曼语。其中德语是使用最广泛的语言，26 个州中有 17 个是德语州。西部地区主要讲法语，有 4 个法语州，分别是日内瓦州、汝拉州、纳沙泰尔州和沃州；有 3 个德法双语州，分别是伯尔尼州、弗里堡州和瓦莱州。使用意大利语的州主要是提契诺州，此外在格劳宾登州南部的 4 个山谷地区也使用意大利语。格劳宾登州使用拉丁罗曼语，也使用德语及意大利语。

四、创新和竞争力在全球范围首屈一指

作为自然资源贫乏的小国，瑞士的成功主要有赖于其创新能力。瑞士是世界公认的国际科研中心，2019 年研发投入占国内生产总值（Gross Domestic Product，GDP）的 3.15%，研发开支高达 229 亿瑞士法郎，其中大部分由私营企业出资实施（68%）。在国际上，瑞士是研发投入占 GDP 比例最高的国家之一。欧洲专利局（European Patent Office，EPO）发布的 2020 年专利申请数量排名中，瑞士平均每百万居民申请的专利数量达965.9 项，排名第一。

根据世界知识产权组织发布的 2022 年全球创新指数（Global Innovation Index，GII）排行榜，瑞士位居榜首（见图 1.1）。[①] 其中，创意产出、知识与技术产出等创新指标排名第一，政策背景、人力资本与研究、基础设施、市场成熟度、商业成熟度等指标处于世界领先地位。这已经是瑞士连续第 12 年位列全球创新指数排行榜榜首。

在欧洲工商管理学院、波图兰研究所和新加坡人力资本领导力研究所联合发布的《2022 年全球人才竞争力指数》（Global Talent Competitiveness Index，GTCI）报告中，瑞士凭借在六个主要评估指标（即国内环境、人

---

① 资料来源于世界知识产权组织网站。

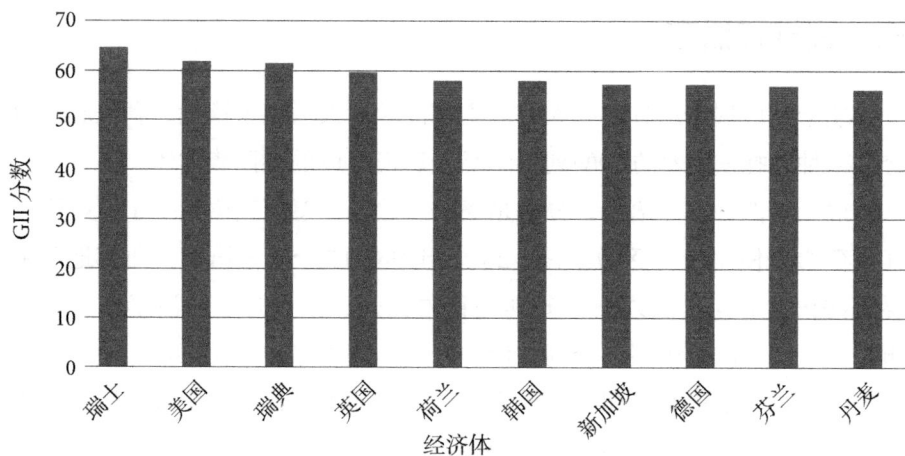

图 1.1　2022 年全球创新指数（GII）排行榜（前 10 位）

才吸引、人才培养、人才保留、技术与职业技能库、全球知识技能）方面的显著优势，名列排行榜首位（见图 1.2）。① 自全球人才竞争力指数于2013 年开始发布以来，瑞士一直是世界上人才竞争力最强的国家之一，

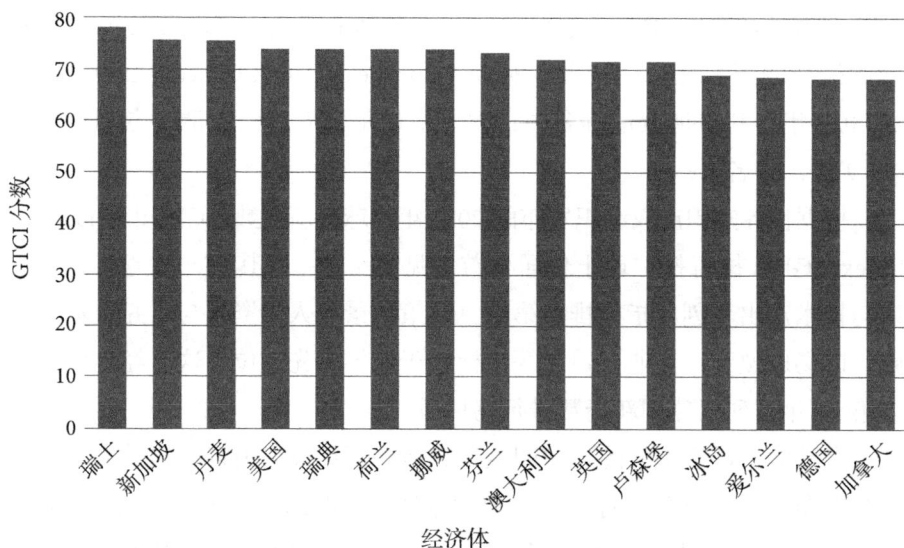

图 1.2　2022 年全球人才竞争力指数（GTCI）排行榜（前 15 位）

① 资料来源于全球人才竞争力指数网站。

其人才竞争力的全面性令人印象深刻。在六个主要评估指标中，瑞士在国内环境和人才保留方面处于全球第一的领先地位，其拥有世界排名第二的技术与职业技能库，在人才吸引方面也跻身全球前三。尽管瑞士在获得成长机会和高级技能两个子评估指标上相对而言有所欠缺，但该国凭借着优秀的正规教育、终身学习和人才影响力三个子评估指标，确保了自身在人才培养和全球知识技能两个主要评估指标方面的超强实力。

自 2001 年以来，欧盟委员会（European Commission）为衡量成员国的创新绩效，推出了欧洲创新记分牌（European Innovation Scoreboard，EIS）年度评价报告，对欧盟成员国、其他欧洲国家和地区邻国的研究和创新绩效进行了比较评估，并帮助各国确定需要干预的领域。根据排名，以欧盟为基准分，在记分牌上排名低于欧盟平均水平 70% 的为新兴创新者，其次是排名在 70%—100% 的中等创新者，排名位于欧盟平均水平 100%—125% 的为强劲创新者，排在顶端的则是超过欧盟平均水平 125% 以上的创新领导者。2023 年 7 月欧洲创新记分牌发布了最新评比结果，在 115 个国家中，瑞士再次被评为创新领导者，其业绩为欧盟平均水平的 139.6%，表现优于所有欧盟成员国，这要归功于其在教育相关指标、科学出版物和环境相关指标方面的上佳表现（见图 1.3）。[①]

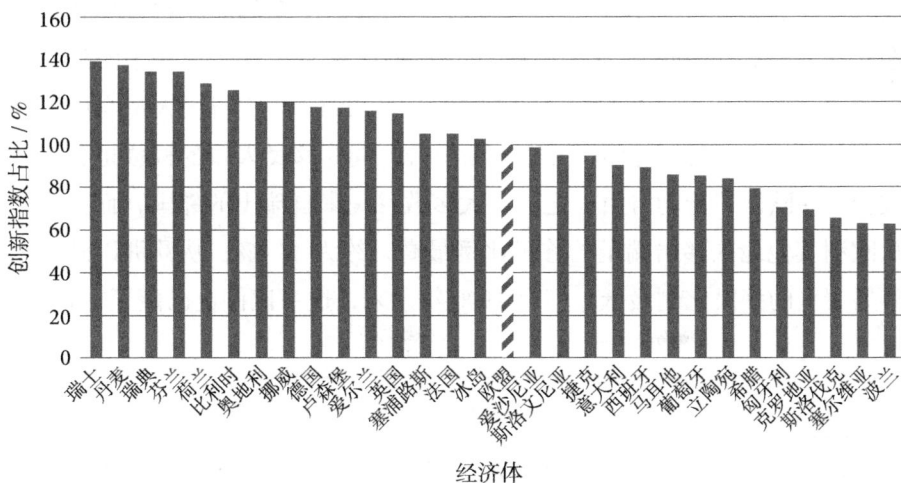

图1.3　2023 年欧洲创新记分牌创新指数排行榜部分数据

① 资料来源于欧盟委员会欧洲创新记分牌网站。

从上述全球或欧洲范围内创新和人才竞争力排行榜可以看出，拥有双元制职业教育和培训体系的国家在排行榜中均名列前茅，如瑞士、丹麦、荷兰、德国等，这些国家中有 30%—70% 的高中生参加了该体系，在该体系将学校学习与工作场所学习结合了起来。虽然每个双元制国家都有自己鲜明的特点，但可以看出瑞士的职业教育和培训（Vocational and Professional Education and Training，VPET）体系[①]更具优势，在国家经济效益、企业创新能力和国际竞争力方面都发挥着重要的作用。

第二节　瑞士人口结构与发展

一、瑞士移民人口众多

人口趋势是影响教育系统的最重要因素。自 20 世纪初以来，瑞士的人口规模几乎增加了两倍。根据瑞士联邦统计局 2022 年 9 月公布的数据显示，瑞士 2021 年的人口数为 873.88 万，相较于上一年增加了约 6.85 万人，瑞士 2021 年人口增长率约为 0.8%。过去二十余年的净移民导致居住在瑞士的外籍居民比例急剧上升，截至 2021 年底，居住在瑞士的外籍居民约有 220 万人（约占总人口的 25.7%）。自 2002 年实行《人员自由流动协定》[②]以来，瑞士的移民人数不断上升，同时移民人口的构成也在发生改变。在欧盟"行动自由"之前，大多数移民来自瑞士的邻国，而如今，从欧洲其他地区移居瑞士的移民比例最高，约为 45.4%；从欧洲以外国家移居瑞士的移民比例最低，但自 1990 年以来，这一比例也已翻了一番。

[①] 我国国内关于瑞士职业教育研究的文章大多采用"职业教育体系"的表述，本书在后文中也将采用这一简化表述。

[②] 《人员自由流动协定》是 1999 年 6 月 21 日欧盟和瑞士签署的协定，为包括雇员、自雇者（企业主）、学生、退休者及其他个人在内的欧盟公民提供自由迁徙瑞士的权利。这一协议于 2002 年 6 月 1 日生效。

二、瑞士人口老龄化趋势明显

从人口状况来看，瑞士正呈现老年人比例迅速增加的趋势。从 1950 年到 2010 年，瑞士百岁老人的数量几乎每十年翻一番。2012 年至 2018 年，这一趋势趋于稳定。从 2018 年起，百岁老人的数量再次增加，平均每年新增近 100 名百岁老人，其中 80% 以上是女性。从 1950 年到 2021 年，20 岁以下的人口比例从 30.6% 下降至 19.9%，与之截然相反的是，65 岁以上的人口比例从 9.6% 攀升至 19%。[1] 由于预期寿命的延长，百岁老人的数量在未来几十年可能再次增加。根据瑞士联邦统计局的预测，到 2070 年，瑞士老龄人口的比例将增至 27% 左右，这意味着其人口老龄化趋势越来越明显。

人口的年龄结构受生育率、预期寿命和移民的影响。总生育率的下降导致年轻人在人口中的比例下降，这种现象被称为年龄金字塔的"底层老龄化"。而瑞士人口的预期寿命在近 100 多年却翻了一番，预期寿命的延长和老年人比例的增加，导致年龄金字塔正在呈现"顶端老龄化"。移民也是影响人口年龄结构的因素之一。在瑞士，20—39 岁的人群是最大的移民群体。但自 2015 年以来，60 岁及以上移民的比例也在增长，这是导致瑞士人口老龄化的另一个重要因素。

第三节　瑞士经济与劳动力市场

一、瑞士的经济发展形势

瑞士是世界上最为稳定的经济体之一，也是世界上最富裕的国家之一，其人均收入处在世界最高行列，同时有着很低的失业率和财政赤字。由于拥有发达的金融产业，因此服务业在瑞士经济中也占有日益重要的地位。

---

[1] 资料来源于瑞士联邦统计局网站。

过去二十余年，瑞士的经济发展经历了三个周期。第一个周期始于金融市场的互联网泡沫破灭和2001年9月11日美国恐怖袭击后的经济衰退。在短暂的增长阶段之后，第二个周期开始于2008年的国际金融危机，随后是导致欧元区进一步衰退的财政危机，然而这种衰退并没有对瑞士产生较大影响。随着全球经济复苏，瑞士经济增长相对保持稳定，2016年第四季度至2019年第四季度平均每季度增长0.5%。第三个周期起始于2020年的新冠疫情，瑞士经济增长出现历史性下滑，第二季度GDP比上一季度下降6.1%。在第三季度经济重新复苏，增长约为6.3%，但回升是短暂的，因为随后在2020年第四季度和2021年第一季度略有下降。自2021年第二季度以来，瑞士经济再次取得正增长，平均每季度增长1.3%。[①]

近几十年来，瑞士经济结构发生了重大变化，这几乎是所有现代经济体的典型变化：农业、建筑业等传统上比较重要的行业逐渐衰落，而服务业仍在继续增长。瑞士劳动力人口呈现老龄化趋势，最大的年龄组是40—54岁，相比十年前，最大年龄增长了约15岁。

教育经费支出与国家经济状况关系紧密，教育经费支出占一个国家的国内生产总值的比例是反映该国经济状况的一个重要指标。瑞士政府对本国的教育极为重视，2019年约有17.4%的公共支出用于教育投入。2020年，瑞士联邦、各州和城镇在教育方面共花费408亿瑞士法郎，这一数额相当于其公共支出总额的16.2%，相当于其国内生产总值的5.9%。[②]

二、瑞士劳动力市场形势

（一）瑞士职业教育以市场需求为导向

瑞士服务业从业人员数量占总就业人口的70%以上，另有大约20%的人口从事工业和商业，少数人从事农业和林业。职业教育和培训项目中的学徒职位反映了各行业之间的分布情况。瑞士的学徒制（Apprenticeship）

---

① 资料来源于瑞士联邦经济事务总局网站。
② 资料来源于瑞士联邦统计局网站。

是以劳动力市场需求为基础的，行会组织（Professional Organization）负责开发新的培训课程，因此瑞士学徒能力的发展与劳动力市场的需求紧密相关。瑞士教育科研与创新国务秘书处（State Secretariat for Education, Research and Innovation，SERI）为了吸引学徒进入专业领域而不断创造就业机会，联邦经济事务总局负责评估与工业 4.0 相关的市场需求。

（二）瑞士失业率显著低于欧盟平均水平

失业率是反映劳动力市场供需情况的重要指标，同时也可以反映一个国家的经济发展状况。瑞士是欧洲青年失业率最低的国家之一，即使是在新冠疫情期间，瑞士的失业率也一直处于低位。尽管疫情给瑞士的经济发展带来一定影响，然而得益于政府的支持措施（如短期工作补偿），瑞士迅速有效地缓解了疫情对经济的影响。根据国际劳工组织（International Labour Organisation，ILO）提供的数据，在 2021 年第一季度，瑞士失业率达到了 5.8%，而在 2022 年第一季度瑞士的失业率降为 4.6%。[①] 整个欧盟也出现了类似的情况，失业率从 2021 年第一季度的 7.8% 下降到 2022 年第一季度的 6.5%。其中，年轻人的失业率差异更为明显，在瑞士，年轻人的失业率从 2021 年的 8.8% 降至 2022 年的 7.2%；而在欧盟，尽管总体失业率大幅下降，但同期年轻人的失业率仍高达 14%。2022 年，失业对女性的影响（4.6%）比对男性（4.1%）的影响更大，对外籍人士（7.2%）的影响比对瑞士国民（3.2%）的影响更大。2022 年 15—24 岁的年轻人（7.5%）比其他年龄组（25—39 岁为 4.4%，40—54 岁为 3.7%，55—64 岁为 3.9%）更容易受到失业的影响（见图 1.4）。[②] 在 2023 年第一季度瑞士有 21.6 万人失业，同比减少了 1.1 万人，这些失业人员仅占经济活动人口的 4.3%，略低于 2022 年第一季度数据。

自 2016 年第四季度至 2021 年第四季度，瑞士女性失业率从 4.9% 降至 4.4%，男性失业率从 4.3% 降至 3.9%，男女失业率变得更加接近。在

① 资料来源于瑞士联邦统计局网站。
② 资料来源于瑞士联邦统计局网站。

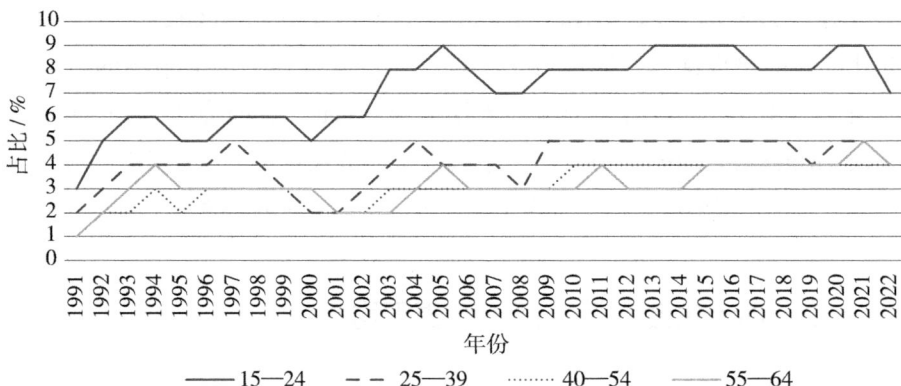

图 1.4　1991—2022 年瑞士 15—64 岁不同年龄段人口失业率

2020 年第四季度，女性的失业率（5.4%）显著高于男性（4.5%），疫情对女性失业的初步影响大于男性，然而这一差距随后在 2021 年底缩小，女性为 4.5%，男性为 4.4%，差距仅为 0.1 个百分点。

瑞士的低失业率得益于瑞士实行的双元制职业教育。从图 1.5 可以看出，在有双元制职业教育的国家（德国、瑞士、荷兰、奥地利、丹麦）中，15—24 岁年轻人的失业率均低于欧盟平均水平。与其他大多数欧洲国

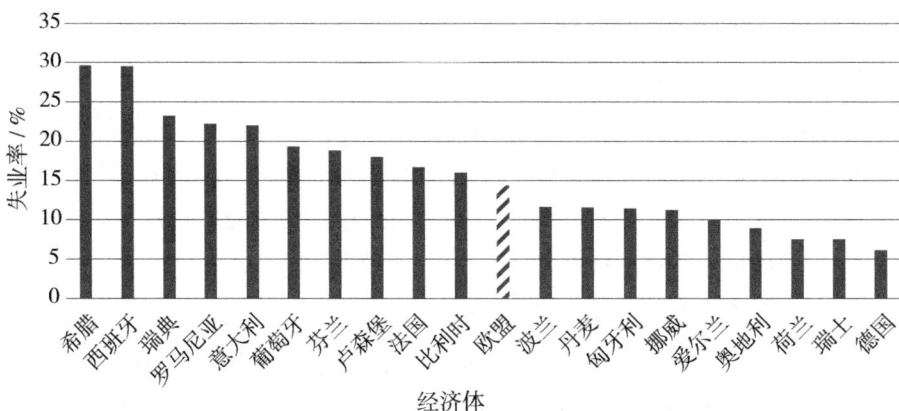

图 1.5　2022 年底欧洲部分国家 15—24 岁年轻人的失业率①

————————

① 资料来源于欧洲统计局网站。

家的全日制教育体系相比，双元制职业教育在就业能力和市场融入方面有很多优势。经济合作与发展组织（Organisation for Economic Co-operation and Development，OECD，简称"经合组织"）、欧盟当局和联合国教科文组织普遍认为：职业教育是降低青年失业率最有效的策略之一。

（三）新冠疫情后瑞士就业形势的复苏

瑞士劳动力素质较高，总体就业率和女性就业率都位于欧洲前列。基于瑞士劳动力调查（Swiss Labour Force Survey，SLFS）的就业统计显示，2016 年第四季度至 2021 年第四季度，瑞士就业人数增长了 3.3%，从 500 万增加到 520 万。与此同时，基于对第二和第三产业企业调查的就业统计数据（Job-STAT）也显示，截至 2019 年底，瑞士就业人数增加了 6.0%，从 490 万人增加到 520 万人。在新冠疫情开始时，瑞士就业人数和工作岗位数量都有所下降。然而，截至 2020 年底，瑞士劳动力市场已经复苏，2020 年第四季度至 2021 年，就业人数和工作岗位数量都有所增长，其中就业人数增长 1.1%，工作岗位数量增长 1.9%。2023 年第一季度有 523.8 万人就业，而 2022 年第一季度就业人数为 513.0 万人，同比增长 2.1%。[1]

除了低失业率，瑞士也是欧洲就业率最高的国家之一。2021 年，瑞士就业率为 83.7%，远超欧洲平均水平约 10 个百分点。除了全职就业外，瑞士的兼职[2] 就业率也非常高，在欧洲位居第二。女性从事兼职工作的比例较男性更高。2021 年第四季度，所有瑞士就业女性中有 58.1% 为兼职工作。

瑞士员工有很高比例的弹性工作时间。相关数据显示，在 2021 年，46.8% 的瑞士员工拥有弹性工作时间，其中男性比例为 51.2%，女性比例为 42.0%。自 2016 年以来，拥有弹性工作时间的女性占比增长较男性更快，约 3.3 个百分点，而男性增长不到 1%。[3]

在过去三十多年中，瑞士多重就业人员的比例显著上升，从 1991 年

---

① 资料来源于瑞士联邦统计局网站。

② 经合组织规定，任何人在主要工作地点每周工作时间少于 30 小时，都被视为兼职。

③ 资料来源于瑞士联邦统计局网站。

占就业总人数的 4.1% 上升到 2022 年的 7.7%。2022 年，瑞士有 34.8 万名就业人员从事了不止一项的职业活动，占就业人口的 7.7%。在过去五年中，从事多种职业的人数比例保持稳定。女性比男性更倾向于从事多份工作。2021 年，女性拥有一份以上工作的比例为 10.0%，几乎是男性（5.7%）的两倍。[①]

（四）居民受教育程度与劳动力市场的关系

在全球范围内，瑞士居民的受教育程度一直处于较高水平，尤其体现在高等教育方面。自 2000 年至 2021 年，25—34 岁接受过高等教育的瑞士年轻人比例从 26% 上升到 52%[②]，高出经合组织 6%。瑞士作为经合组织成员国之一，其 25—34 岁的年轻人中至少有一半接受过高等教育，高中学历通常被视为成功参与劳动力市场的最低资格。教育程度的提高使 25—34 岁没有高中学历的瑞士年轻人的比例下降至 8%，低于经合组织的平均水平。

受教育程度越高，就业前景通常就越好，瑞士也不例外。2021 年，瑞士受过高等教育的 25—34 岁年轻人就业率比高中以下学历的人高 25%，比高中学历的人高 4%。尽管受教育程度与就业率之间的积极联系对男性和女性都适用，但对女性来说更加重要。2021 年，瑞士高中以下学历女性的就业率为 54%，而高等学历女性的就业率显著上升为 89%；对男性而言，高中以下学历的就业率为 76%，而高等学历的就业率为 92%。

不同受教育程度年轻人的失业率差异表明，教育为年轻人提供了有效的失业保护。瑞士仅完成义务教育的年轻人的失业率最高，自 2008 年以来，这一比率持续上升，2016 年达到 9.8% 的高点。具有高中学历的瑞士年轻人的失业率明显低于仅完成义务教育的年轻人，但仍然略高于接受过高等教育的年轻人。这意味着，高中学历尽管不如高等学历，但仍然可以很好地防止失业。

---

① 资料来源于瑞士联邦统计局网站。
② 资料来源于经合组织网站。

（五）数字化为劳动力市场带来的变化

数字化通常被称为第四次工业革命，正在对经济结构变革产生重大影响，也在数量和质量上改变着劳动力市场。与早期的技术进步浪潮不同，数字化对一个国家经济形势的影响主要集中在服务业，而不是手工业。根据经合组织的假设，约有9%—14%的工作有被自动化替代的可能，即以前由人类完成的工作将由机器完成。然而，数字化也创造了新的就业机会，因此结构变化并不一定会导致可用的工作岗位的减少。瑞士的预测表明，在零售业和批发业、制造业、金融保险业、运输和存储领域，由于数字化技术的发展，消失的工作岗位将多于创造的新工作岗位，而技术和科学服务以及医疗保健领域则预计能带来更多的就业岗位。[①]

除了职业和部门之间的数量变化外，数字化和自动化也导致了几乎所有职业所需技能的变化。除了技术技能外，解决问题能力、团队合作能力和创造力等软技能也变得越来越重要。在工业化的前几个阶段，主要是手工领域的常规活动被工作流程的机械化所取代，而数字化主要是消除认知性质的常规活动。这一过程已经进行了几十年，导致非常规认知活动的不断增加，而且可能在未来若干年继续下去，并将对工人在劳动力市场的流动性和教育系统产生影响。在过去的几十年里，许多体力劳动者能够通过转向涉及日常认知活动的职业来提高工资水平，但现在这条道路的开放程度有限。与此同时，从常规或非常规体力活动到非常规认知活动的转变通常只有在接受额外教育的情况下才可能实现，这也是教育部门日益多元化的原因之一。

---

① Bughin, J., Ziegler, M., Mischke, J., Wenger, F., Reich, A., Läubli, D., Sen, M., & Schmidt, M. The future of work: Switzerland's digital opportunity. New York: McKinsey & Company, 2018.

第二章
瑞士教育体系

　　在瑞士，教育体系的责任由联邦政府和各州政府共同承担。自 2006 年以来，两级政府在各自权力范围内共同确保了瑞士教育的高质量和可获得性。各州因教育水平和相关机构的不同，其教育的监管、资金、实施和监督的责任也存在差异。自 2013 年以来，整个教育、科研和创新领域在瑞士联邦经济事务、教育和研究部（Federal Department of Economic Affairs, Education and Research，EAER）层面上得到了整合。EAER 下辖的瑞士教育科研与创新国务秘书处是瑞士联邦政府负责教育、科研和创新政策的国家和国际事务的专门机构，也是瑞士最接近教育部功能的政府机构。在州一级，每个州都有自己的学校和教育立法。各州政府负责教育的战略管理和行政管理，各州教育部门履行执行和行政的职能，它们又被细分为不同的部门和办公室，例如义务教育办公室，中等职业教育、高等职业教育和培训办公室，大学教育办公室。对于需要共同解决的问题，各州之间相互协调，由各州教育部长组成的瑞士州教育部委员会（Swiss Conference of Cantonal Ministers of Education，EDK）在其中发挥作用。

　　瑞士的教育体系由初等教育、初中教育、高中教育、高等教育和继续教育组成。图 2.1 所示为瑞士州教育部委员会官网给出的当前瑞士教育体

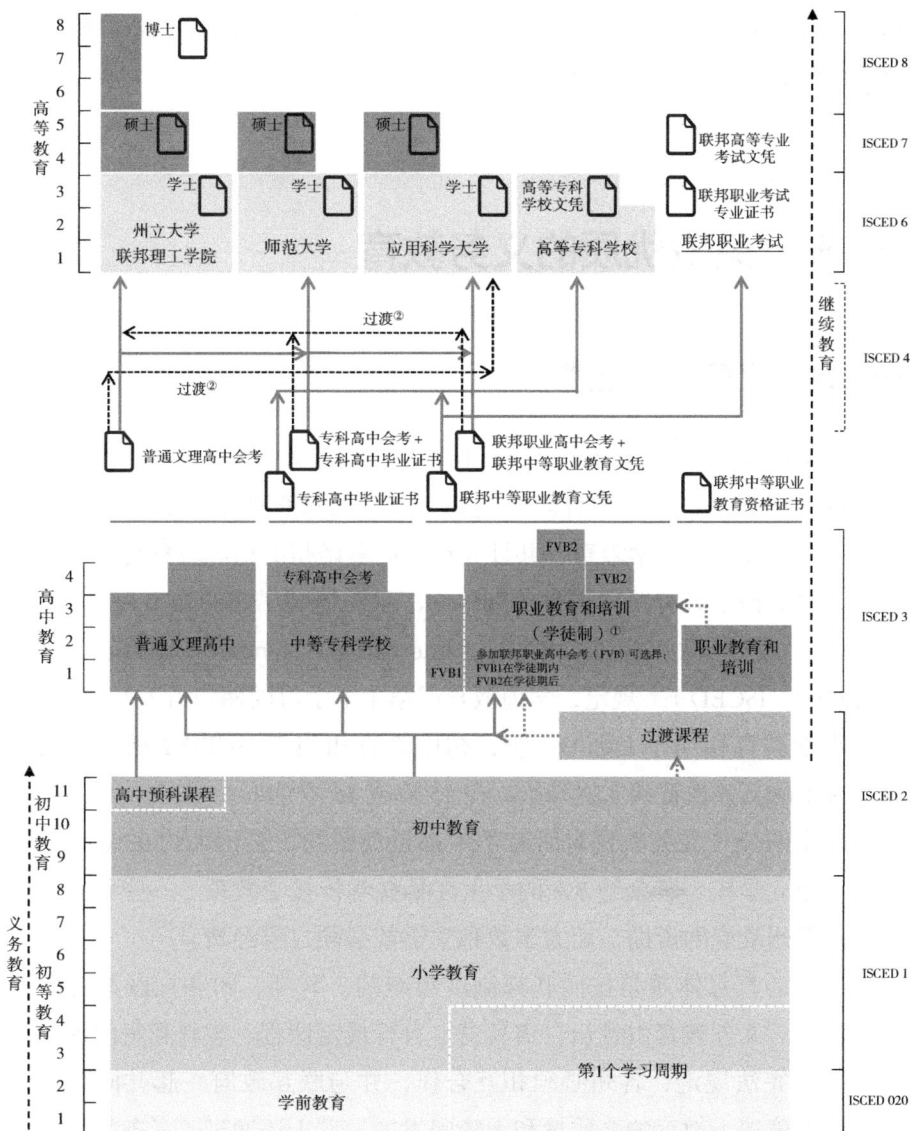

注：

①瑞士的职业教育和培训（学徒制）包含学徒在企业中接受培训、在职业学校中完成基础类课程学习，以及在培训中心完成行业课程学习。

②拥有普通文理高中会考文凭的学生经过适当的实践培训，可以过渡到应用科学大学；而拥有联邦职业高中会考文凭的学生，经过大学能力倾向测试，也可以过渡到传统大学。

图2.1 瑞士教育体系

系的结构框架图，图中完整呈现了瑞士教育的主要类型、不同教育机构，以及相应的国际教育标准分类信息。

第一节 免费优质的义务教育

一、瑞士义务教育概述

瑞士的义务教育总年限为 11 年，包括初等教育阶段和初中教育阶段。在大多数州，初等教育阶段包括 2 年学前教育或第 1 个学习周期的前两年，以及 6 年小学教育，共计 8 年，提契诺州的初等教育为期 7 年。大多数州的初中教育阶段通常为期 3 年，只有提契诺州的初中教育为期 4 年。根据《国际教育标准分类法》（International Standard Classification for Education，ISCED）[1] 规定，学前教育或第 1 个学习周期相当于 ISCED 020 级，小学教育相当于 ISCED 1 级，初中教育相当于 ISCED 2 级。一般来说，瑞士的义务教育从 4 岁开始，在 15 岁或 16 岁结束。

瑞士的公立义务教育对所有学生都是免费的。全国大约 95% 的学生就读于公立学校，其余约 5% 的学生在私立学校接受教育。一些私立学校可以获得州政府的资助，而大多数私立学校必须自筹经费。

瑞士的教育体系是按照联邦制度组织的，联邦、州和社区都对教育负有责任。义务教育由各州自负其责，自行规定课程、教材和每门课的学时。瑞士宪法规定，各州必须相互合作，并与联邦政府一起共同履行责任，以保障瑞士教育的高质量和无障碍发展。瑞士还通过《义务教育协调

---

[1] 由联合国教科文组织制定的《国际教育标准分类法》旨在便于根据统一的国际教育标准对各国的教育统计数据和指标进行比较，该分类法制定于 1976 年，并于 1997 年和 2011 年进行了修订。2011 版将教育分为 9 个等级，ISCED 0 级是早期儿童教育（包含 ISCED 010 早期儿童教育发展和 ISCED 020 学前教育），ISCED 1 级是初等教育，ISCED 2 级是初级中等教育，ISCED 3 级是高级中等教育（包含 ISCED 34 高中普通教育和 ISCED 35 高中职业教育），ISCED 4 级是中等后非高等教育，ISCED 5 级是短线高等教育，ISCED 6 级是学士或等同水平，ISCED 7 级是硕士或等同水平，ISCED 8 级是博士或等同水平。

跨州协议》(也称作《哈莫斯协议》)和《特殊需要教育协定》等政策,加强了各州层面在教育领域的合作。在瑞士的不同语言区也制定并实施了不同的教育政策。例如在2011年,三个讲德语的EDK区域(包括瑞士东部、西北部和中部地区)联合成立了瑞士德语州教育部委员会(D-EDK),支持各州引入州级课程等事宜,并协调其相关教学资源。

各州负责确保所有儿童都能获得足够的基础教育,其中小学由市政当局监管,初中由州或市政府监管。公立学校在社会融合方面发挥着积极的作用,来自不同社会环境和文化背景的学生都可以进入同一所学校就读。这种学生能力和才能的异质性,以及班级中的文化异质性,给学校带来了较大的挑战。为了保证每个学生都能接受良好的教育,学校需要根据学生的不同能力水平因材施教,使不同学生接受个性化的教学指导,并由正规学校的教师提供一对一支持,必要时由专家(如特殊需要教育教师)提供支持。

二、《哈莫斯协议》

瑞士联邦和各州的联合教育政策目标由若干协调义务教育的领域组成,包括起始年龄、义务教育的内容、教育等级和过渡期的年限以及国家教育目标。《哈莫斯协议》里规定了在州一级的具体实施方案,包含了关于学校等级持续时间、语言教学和国家教育目标等详细信息。自2010年(即协议生效一年后)至2023年,已有15个州加入该协议。作为《哈莫斯协议》实施的一部分,义务教育年限已经统一,规定为11年。三分之二的州在初等教育阶段已统一为8年学制,而剩下三分之一的州中,初等教育阶段的前2年或第1个学习周期的前2年的结构不尽相同。3年制初中在所有州的法律中都做出了规定。

《哈莫斯协议》规定了义务教育在基础教育领域,特别是语言教学领域的总体目标。瑞士州教育部委员会于2011年制定了国家教育标准,规定学生在第4、第8和第11学年(相当于二年级、六年级和九年级)结束的时候,必须在学校语言、两门外语、数学和科学方面达到基本技能。这些基本技能以客观规范的形式被纳入课程,在开发教学资源和评估方案时也必须考虑到这些基本技能。

三、瑞士初等教育

瑞士的初等教育共计 8 年。在瑞士德语区的几个州，幼儿园教育不是强制性义务教育，然而这些州的绝大多数儿童上幼儿园的时间也是 2 年。在几个讲德语的州中，市政当局可以选择运行第 1 个学习周期，即将幼儿园和小学的前一年或两年结合起来，设立一个入门教育阶段。在这种组织形式中，4 岁到 7 岁或 8 岁的孩子在同一个班级一起上课。在瑞士法语区，2 年幼儿园教育通常包含在"第 1 周期"中，这一周期持续 4 年。

初等教育的入学年龄由各州自行设定。在指定截止日期（通常为 7 月 31 日）之前达到相应年龄的儿童在学年初（秋季）入学，开始接受初等教育。适龄儿童大多从 4 岁开始接受学前教育，学习并拓展基础知识，为接下来的教育阶段打下基础。

为了促进儿童在不同阶段的发展，学校通过不同的游戏和学习环境来鼓励儿童多方面能力的发展，在此过程中，儿童获得了认知能力、社会能力和学习能力等方面的知识。同时，幼儿园的教学内容是在跨学科的基础上组织和设计的，通过游戏，儿童被逐步引导到不同的学科领域进行学习。

学校为学生提供了丰富的学科门类，学生除了要学习读、写、算术、自然科学以及两门外语（大部分学习瑞士另一种官方语言和英语）的基本知识，还要学习地理、历史、伦理学等人文社会科学，以及音乐、绘画、设计、体育等。一些具有现实意义的课题，比如信息和通信技术、卫生健康、可持续发展教育或公民教育等，也会纳入其他科目中予以介绍。

在各州中，某些年级和科目采取强制性或可选择的年终考试、定向考试、比较考试或标准化考试形式。不同的考试形式通常被用于确定学生的知识和技能现状，或评估学生的表现，同时便于教师们将各自班级的学习成绩与其他班级进行比较。

四、瑞士初中教育

瑞士初中教育是小学教育之后的下一个教育阶段，一般从 12 岁开始，在 15—16 岁结束，这个阶段结束后义务教育也就结束了。初中教育主要包含三种不同的结构模式：分班式、协作式和综合式。瑞士有些州可以预先规定实施哪种模式，还有些州则允许市政当局在三种模式之间进行选择。

初中教育促进了学生成长和个性的发展，并鼓励他们终身学习，增进自我责任感和个人主动性，发现并解决问题，学会处理冲突、独立工作或合作，并为进入高中阶段的学习作准备。初中教育阶段教授的课程包括：语言类课程（母语、第二门语言、英语）、数学、自然科学（生物、化学、物理）、人文社会科学（如地理、历史、公民教育）、音乐、艺术、体育、家政学、职业生涯指导与职业准备等课程。

瑞士在义务教育阶段没有全国性的统一期末考试，也没有相应的毕业证书，一些州在初中结束时会进行核心科目的期末考试。为了优化从初中到高中的过渡，有些州在义务教育结束时推出了毕业证书。对一些学生来说，从初中教育阶段过渡到高中教育阶段是相对困难的。各州会对初中最高年级的学生重新组织规划，如对有辍学风险的学生进行案例管理，以便为他们向高中教育阶段过渡提供尽可能充分的准备。初中毕业后，大多数学生直接从义务教育转到高中教育阶段获得高中教育认证资格的课程。那些完成初中学业后没有立即开始职业教育或没有升入普通高中的学生，则需要完成1年的过渡课程作为临时解决方案。

第二节　高度灵活的高中教育

在瑞士，义务教育后的第一段教育是高中教育，对应 ISCED 3 级。通常 15—16 岁的年轻人开始接受高中教育，并于 18—19 岁完成这一阶段。在完成义务教育之后，15—16 岁的年轻人需要在高中教育阶段的普通教育与职业教育中作出选择，这一选择通常会受到学术能力、社会背景以及该州可供选择的范围等因素的影响。高中教育阶段的普通教育又可以分为普通文理高中（Baccalaureate School）和中等专科学校（Upper Secondary Specialised School）。各州对高中教育阶段的职业教育和普通教育进行管理，其中关于普通文理高中的立法权主要在各州，联邦政府和各州之间达成协议规定了对普通文理高中会考文凭（Baccalaureate）的认可，并共同负责整个瑞士的普通文理高中会考文凭认证，各州为学校提供场所、监管和资助。中等专科学校及其资格认证受州际法律的管辖。另外，普通文理高中和中等专科学校并不会帮助学生作好职业生涯准备，而是会为他们提供学习高等教育学术课程的准备。

一、普通文理高中

瑞士普通文理高中为学生进入高等教育阶段深造，尤其是进入大学作准备。当前，瑞士的所有州都有普通文理高中，瑞士联邦和各州共同管理普通文理高中的认证。与 20 世纪 80 年代和 90 年代的变化速度相比，近年来瑞士普通文理高中体系的扩张速度要慢得多，1991 年至 1996 年是其增长最快的时期。努力扩张普通文理高中表明了教育决策制定者对技术进步和不断增长的学历需求的反应，政府的支持也推动了 19 岁瑞士年轻人获得普通文理高中会考文凭的可能。

普通文理高中教育的普及，包括建设新学校、完善基础设施、招聘教学人员等一直是高中教育文凭获得率稳步上升的一个因素。然而，也存在这样一个事实，即随着近年来年轻人数量的波动，普通文理高中会考文凭获得率并没有显著变化，而是保持相对稳定，这反映了普通文理高中对学校学生数量变化并不敏感，而高中阶段的职业教育和培训对年轻人产生了更大的影响。

在瑞士，获得普通文理高中会考文凭的年轻人无须参加进一步入学考试，就可以直接升入传统大学、师范大学（Universities of Teacher Education，UTE）（个别专业除外），或在满足额外要求的情况下进入应用科学大学。瑞士没有集中统一的高中毕业考试，各州、学校和教职员工在教育计划方面拥有高度的自主权。

（一）组织形式

从结构上讲，普通文理高中分为长期和短期两种学制，长期的文理高中为期 6 年，其中 2 年在预科学校度过，通常小学毕业后，即在第 8 学年之后可立即进入长期文理高中。而短期的文理高中为期 4 年。[①] 短期文理高中的学生通常在初中阶段的第 10 学年之后，或在第 11 学年完成义务教育后入学。长期文理高中在苏黎世州、瑞士中部和东部等德语区较为常见，而瑞士法语区和意大利语区则以短期文理高中为主。

瑞士各州的普通文理高中在入学要求和入学程序上差异较大，每个州都规定了进入普通文理高中的入学条件，主要依据学生的成绩作出评估，通常采取综合评估、先前学生成绩、入学考试这三种方式，有时还要考虑初中直属学校教师的推荐。

（二）教学目标

瑞士普通文理高中的教学目标是引导学生达到高等教育所需的个人成熟水平，并为他们步入社会作准备。换句话说，在普通文理高中就读的目的是获得"更高的社会成熟度"，尤其是获得"学习能力"。虽然"更高的社会成熟度"很难通过经验进行评估，但至少可以通过普通文理高中课程结束时的能力测量、向高等教育过渡的比率以及与学习课程相关的成功率来评估学生获得学习能力的程度。同时，普通文理高中旨在促进学生的智力、个性发展和健康、个人学习和工作技能、信息和通信技术的获取和使用，以及社会问题、伦理、政治、科学、传播、文化和美学领域的技能。

（三）核心课程

瑞士普通文理高中根据各州颁布或批准的课程进行教学，并以瑞士州教育部委员会认定的普通文理高中核心课程为基础。普通文理高中的科目由十门常规科目、一门专业科目和补充科目构成。常规科目包括瑞士母语、第二门瑞士语言、第三门语言（第三门瑞士语言、英语或古典语言）、数学、生物、化学、物理、历史、地理、艺术和 / 或音乐。专业

---

① 如果学生在初中阶段接受 1 年高中预科课程教育，那么短期的文理高中可以在 3 年内完成。

科目可以从八门科目或科目群中选择，包括：古典语言（拉丁语或希腊语）、一门现代语言（第三门瑞士语言、英语、西班牙语或俄语）、物理和应用数学、生物和化学、经济和法律、哲学／教育学或心理学、创造性艺术以及音乐。补充科目可以从十四门科目中选择。各州拥有确定具体提供哪些科目的权力，因此在不同的州，学生选择不同专业科目的比例存在较大差异，但州内差异则较小。在普通文理高中教育结束时，学生还需要完成一篇毕业论文并参加普通文理高中会考才能毕业，毕业论文通常按照学生选择的主题提交。在学时安排上，对于常规科目，语言占 30%—40% 的学时，数学和自然科学占 25%—35% 的学时，人文社会科学占 10%—20% 的学时，艺术占 5%—10% 的学时。专业科目、补充科目以及毕业论文共占 15%—25% 的学时。

根据瑞士《高中课程认证条例》规定，除了作为常规或专业科目的官方语言课程外，学校还必须提供第三门瑞士语言供学生选择。未选择英语作为常规科目的学生，则需要至少选择一门英语授课的常规科目。

（四）普通文理高中会考

在高中课程结束时，学生至少要参加并通过五门高中科目的普通文理高中会考才可毕业，会考以笔试为主，也可以辅以口试。考试科目包括瑞士母语、第二门瑞士语言、数学、专业科目和一门补充科目。毕业会考成绩需要综合考试科目的表现、高中最后一年所有科目的表现以及毕业论文成绩进行评分。毕业论文是一篇较大程度上由个人创作的作品，通常在高中倒数第二年或最后一年完成。获得普通文理高中会考文凭的学生可以直接进入州立大学（Cantonal Universities，cant.UNI）、联邦理工学院和师范大学。要就读应用科学大学（Universities of Applied Sciences，UAS），则还需要满足额外的要求。

二、中等专科学校

中等专科学校与普通文理高中类似，也是瑞士高中教育阶段普通教育体系的一部分，提供相当大比例的普通义务教育后的高中阶段教育，同时也提供更加深入的职业方面的课程。中等专科学校为高等专科学校（Colleges of Higher Education）、师范大学和应用科学大学的特定职业领域的高等专业教育提供基础。

目前，中等专科学校提供的课程范围十分广泛，旨在确保学生在完成三年全日制课程后可以获得瑞士专科高中毕业证书（Specialised School Certificate），之后能够顺利进入相应的高等职业教育阶段进行学习。学生拿到专科高中毕业证书后，可以再通过 8 到 12 个月的学习获得瑞士专科高中会考文凭（Specialised Baccalaureate），学生凭借这一文凭可以进入应用科学大学相应的职业领域学习。同时，取得专科高中会考文凭是大多数师范大学第 1 个学习周期和初级阶段师范培训课程的入学要求。

中等专科学校必须得到瑞士州教育部委员会的认可。瑞士有 22 个州设有中等专科学校，它们大多由各州组织管理。此外，一些州还设有私立中等专科学校。

（一）组织形式

在完成义务教育之后，15 岁左右的瑞士年轻人可选择到中等专科学校进行学习，入学要求由各州规定，可以进行入学考试或入学面试，也可以免试入学。学生毕业后可获得专科高中毕业证书，这一证书使其能够进入所学职业领域的高等专科学校。专科高中会考课程是继三年制中等专科学校课程之后的一年附加课程，学生若能同时完成实习等额外的要求，可获得瑞士公认的专科高中会考文凭，学生凭借这一文凭可以直接进入应用科学大学进行某一职业领域的相关研究。根据不同的学习选择，学生申请应用科学大学可能需要进行能力评估。获得"教育"职业领域的专科高中会考文凭的学生，可以直接进入师范大学的学前教育和小学教育职业领域学习。获得专科高中会考文凭的学生通过额外的考试还可进入传统大学学习。

（二）职业领域

瑞士中等专科学校一般提供 7 个职业领域以及若干职业领域的组合供学生选择，职业领域包括教育、健康、社会工作、通信和信息、设计和艺术、音乐与戏剧、应用心理学，职业领域组合包括健康 / 社会工作、健康 / 教育等。大多数州提供 2—4 个职业领域的选择。最初并非所有州都通过中等专科学校提供专科高中会考文凭，但近年来这种情况发生了显著变化。目前，所有 22 个设有中等专科学校的州都为学生提供专科高中会考文凭。

中等专科学校主要在教育、护理和社会工作领域为非大学类高等教育学校培养人才。在大多数州，超过 80% 的中等专科学校学生完成了教育、健康 / 社会工作职业领域的课程。这些职业领域，无论是作为单一领域还是以不同的领域组合形式，在所有州都有提供。

（三）专科高中毕业证书和专科高中会考文凭

高中课程结束后，学生至少有 6 门科目需要完成考试，其中 1—2 门科目需要与特定的职业领域有关。根据科目的不同，考试分为口试、笔试或两种形式的组合，考试通过后可获得专科高中毕业证书。如果要获得专科高中会考文凭，学生必须根据所选的职业领域，完成一年的课程和额外的要求，如参加实习、个人实践活动或补充普通教育等。中等专科学校负责与高等专科学校、应用科学大学或负责培训的各方合作，监督和评估这些额外要求。根据额外要求和毕业论文成绩被评估为"有充分能力的"学生，则可获得专科高中会考文凭，这一文凭在全瑞士都得到认可。

三、职业教育和培训

职业教育和培训（Vocational Education and Training，VET）是瑞士绝大多数年轻人在初中毕业后的选择，大约三分之二的瑞士年轻人在 15—16 岁时通过学徒制的形式开始其职业生涯。在瑞士，有大约 250 个不同职业的职业教育和培训项目。瑞士学生的许多职业资格是在高中阶段获得的，而在其他国家，同样的资格是在高等教育阶段获得的。因此，瑞士的中等职业教育和高等职业教育制度不同于大多数国家的职业教育制度。瑞士职业教育和培训主要基于双元制，而学徒制是其中的主要表现形式：学生每周在企业进行 3—4 天的学徒制实践培训，在职业学校（Vocational School）进行 1—2 天的理论课程学习。此外，参加职业教育和培训的学生可以参加企业间的课程，这些课程有助于他们提高职业实践技能。

瑞士不同地区在实施双元制方面存在差异。例如，课堂教学和带薪学徒制相结合的双元制职业教育在瑞士德语区更为普遍，而在瑞士法语区和意大利语区，更多的是基于学校本位的职业教育。《职业教育和培训条例》（Vocational and Professional Education and Training Ordinance，VPETO）为两种职业教育和培训模式提供基础，因此，学生在接受双元制或学校本位的职业教育之后，只要通过相应考试，均可以获得联邦资格证书。

瑞士的职业教育由联邦政府管理。《联邦职业教育法》（Vocational and Professional Education and Training Act，VPETA）将中等职业教育和高等职业教育定义为联邦政府、各州政府和行业协会的共同责任。联邦政府负责所有职业教育和培训的战略管理和发展，并为其提供资金，基本覆盖四分之一的职业教育和培训公共成本；各州负责职业教育和培训的实施与监督，开办职业学校，提供职业教育和职业指导服务与建议；行业协会和行业组织负责制定培训内容、组织学徒培训等实践性任务、提供学徒职位、确定职业教育和培训内容、开发新的职业课程等。职业教育和培训也可以在全日制职业学校完成。在瑞士，法语区和意大利语区的全日制职业学校的比例高于德语区。

瑞士职业教育和培训有 2 年制和 3—4 年制的培训项目。为期 2 年的职业教育和培训旨在使学习者获得联邦中等职业教育资格证书（Federal VET Certificate），为学习成绩较差的年轻人提供联邦认可的职业资格，帮助他们为从事要求较低的职业作准备。为期 3—4 年的职业教育和培训旨在使特定职业的工作人员获得联邦中等职业教育文凭（Federal VET Diploma）。联邦职业高中会考（Federal Vocational Baccalaureate，FVB）通过扩展的普通教育课程来补充职业教育和培训项目，从而使学习者获得联邦中等职业教育文凭。通过联邦职业高中会考者可以直接进入应用科学大学深造。

瑞士的职业教育和培训资格通常是能力突出的学生开启职业生涯的首要选择，不仅能提供良好而有声望的职业发展机会，在高等教育阶段还提供了高度发达的高等职业教育体系以及公认的经济利益，对年轻人有着强烈的吸引力。中等职业教育和培训的毕业生在进一步接受高等职业教育后，工资将会获得大幅度的提升。获得高等职业教育资格证书者的个人平均收入相比只获得高中普通教育相关证书者或中等职业教育相关证书者高出约四分之一。由此可以看出，职业教育和培训是瑞士学生职业生涯成功的起点。

第三节　相互渗透的高等教育

瑞士的高等教育体系涵盖整个大学阶段，为学生提供了广泛的学术和实践课程。瑞士的高等教育体系包括大学教育和高等职业教育两大类别，大学教育包括在传统大学（即州立大学和联邦理工学院）、应用科学大学和师范大学获得的高等教育；而高等职业教育则是由高等专科学校以及由企业、行业协会与公共教育机构共同合作提供的一系列高等教育专业课程及与之对应的联邦职业考试与联邦高等专业考试，以及联邦承认的学历文凭组成。

根据 2011 版《国际教育标准分类法》，高等教育体系涵盖 ISCED 的 5—8 级。在瑞士，短线的高等教育培训项目属于 ISCED 5 级，大学学士学位、高等专科学校文凭和联邦职业考试专业证书相当于 ISCED 6 级，大学硕士学位和联邦高等专业考试文凭相当于 ISCED 7 级，博士学位、部分德语大学和理工学院中的博士后属于 ISCED 8 级（见表 2.1）。这一分类反映了由不同类型大学组成的大学教育体系与由高等职业教育组成的职业教育体系之间的区别，是瑞士高等教育体系的核心部分。

表 2.1 瑞士高等教育阶段的教育项目

ISCED 等级	等级描述	瑞士教育项目
5	短线高等教育	瑞士《联邦职业教育法》规定之外的高等职业教育项目
6	学士或等同水平	高等教育机构中的学士项目，高等专科学校中的学位项目，联邦职业考试
7	硕士或等同水平	高等教育机构中的硕士项目，联邦高等专业考试
8	博士或等同水平	博士学位项目，德语大学和理工学院中的博士后

就学生数量而言，大学教育机构在高等教育体系中占主导地位，占学生总数的五分之四（见图 2.2），由于其学习周期较长，在州立大学和联邦理工学院尤其明显。然而，如果把每年授予的学位数量纳入统计，大学教育机构的主导地位就会减弱。例如，高等教育体系中的高等职业教育机构每年提供约三分之一的高等教育学位（见图 2.3）。[①]

在高等教育阶段，瑞士年轻人可以依据入学学历和毕业考试在大学教育和高等职业教育之间灵活切换，相互贯通。瑞士不仅拥有州立大学、联邦理工学院这类传统大学体系，以及提供教师初始培训和继续教

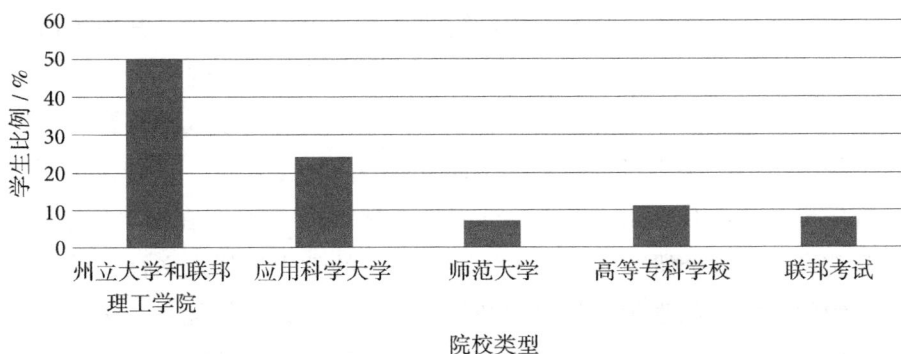

图 2.2 2021 年瑞士高等教育学生入学分布

---

① 资料来源于瑞士联邦统计局网站。

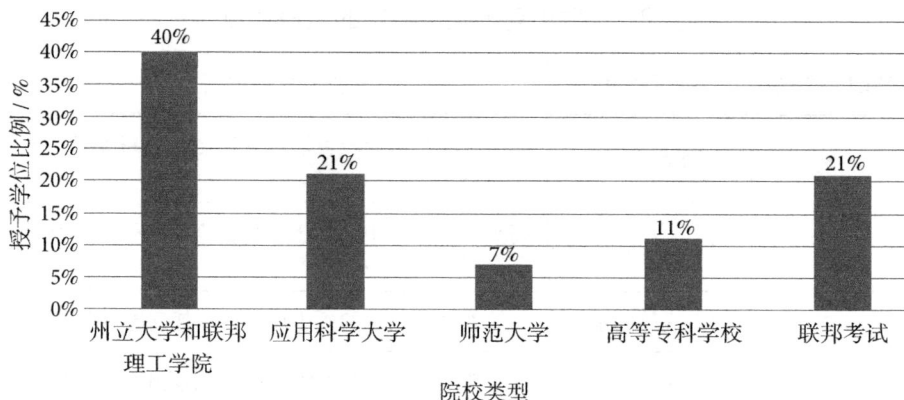

图2.3 2021年瑞士高等教育授予学位比例分布

育的师范大学，还拥有完备的高等职业教育体系，近年来又引入了可以提供学士和硕士学位的应用科学大学，进一步加强了普通教育和职业教育之间的联系。这些机构在瑞士都拥有密集的教育机构网络，为瑞士和非瑞士学生提供高质量的高等教育。下面分别对这几类高等教育机构进行介绍。

一、传统大学

传统大学（简称大学）是指传统的高等教育学术机构，其中包括由瑞士联邦管理的10所州立大学和2所联邦理工学院。这些大学均是学术型大学，主要从事基础研究和教学。一般来说，大学入学需要高中教育文凭，也只有大学可以提供博士课程或授予博士学位。迄今为止，瑞士规模最大的综合性州立大学是苏黎世大学，2.4万余名在校生分布于7个学院和140多个研究所，其中约三分之一的学生选择人文社会科学方向，约四分之一的学生选择自然和技术科学方向，选择经济、法律和医药方向的平均比例为10%—20%。除了医药和体育科学的入学要求中有德语之外，获得瑞士大学入学资格的学生可以自由选择其理想的大学和想学习的课程。

（一）入学条件

瑞士大学的学习遵循博洛尼亚进程（Bologna Process）[1]的三个周期，即学士学位（第一周期）、硕士学位（第二周期）和博士学位（第三周期）。对于第一周期，瑞士的州立大学和联邦理工学院要求本科入学者获得普通文理高中会考文凭或同等资格，并精通当地语言，具体录取条件由各大学自行决定。在瑞士，大多数本科专业都是免费的。部分学位项目每年会根据申请者数量决定是否举行入学考试，且由于这些项目的名额有限，除特殊情况外，一般只招收瑞士本国学生。根据相关规定，如果申请者持有联邦职业高中会考文凭或专科高中会考文凭，同时通过了大学能力倾向测试（University Aptitude Test，UAT），也可以被大学录取。各大学允许不符合上述录取条件的学生采用其他录取程序，但是需要满足一定的年龄、专业经验限制，且需要提交书面申请，并参加额外的能力测试，通过测试者也可被大学录取。

获得学士学位后，瑞士年轻人已经可以凭借三年学习获得的高等教育资格进入劳动力市场。然而，在瑞士大学最常见的最终资格是硕士学位，只有少数获得学士学位的学生会立即去就业。平均而言，约有84%的本科生会在毕业后立即或在两年之内选择继续攻读硕士学位。然而，在人文社会科学和经济学领域，攻读硕士学位的比率要低得多，约四分之一的本科生在毕业后可能不会继续学习硕士课程；而在医药和技术科学方向，几乎所有本科毕业生都会继续攻读硕士学位。

原则上，在攻读硕士学位时是可以改变学习领域的。然而，实际上很少有人考虑换专业，只有约5%的硕士生进入与本科时期不同的学习领域，一种可能的原因是，换专业通常需要在其他领域取得更大的成就。更换学校在某种程度上更为普遍，很多学生选择去与本科时期不同的大学攻读硕士学位。从职业教育类型的高等教育机构转到学术型大学需要满足某些条件并开展额外的活动，例如学生在入学前需要获得额外的知识和技能。

---

[1] 博洛尼亚进程是欧洲各国之间在高等教育领域互相衔接的一个项目，得名于1999年欧洲29个国家在意大利的博洛尼亚大学签订的《博洛尼亚宣言》，旨在确保欧洲各国的高等教育标准相当。

获得硕士学位后，如果同时满足博士项目申请的附加条件，学生可以进一步攻读博士学位。只有大学可以录取博士。如果学生拥有充分的学术资格条件，从其他类型的高等教育机构获得硕士学位后也可以申请博士项目。

（二）大学教育的有效性

大学教育的主要目的是让学生为需要学术知识的专业活动作准备。瑞士高等教育国家资格框架（Qualification Framework for the Swiss Higher Education Area，nqf.ch-HS）规定了学生在学习结束时至少应具备的能力。为了在一定程度上表明大学教育的有效性，瑞士使用"劳动力市场融合"指标提供大学教育学习成果的相关信息，以"毕业率"指标作为教育系统有效性的指标。

1. 劳动力市场融合

鉴于进入普通高中的选择性，瑞士年轻人选择瑞士大学的机会较为有限。因此，我们假设那些获得普通高中教育文凭的学生通常倾向于从事要求高学历的工作。在成功获得普通高中教育文凭的学生中，约有95%的学生顺利进入大学接受高等教育。除去一些辍学的学生和一些最终不会就业的学生，在那些继续工作的人中，并非所有人都会从事与其教育水平相称的工作。在毕业5年后，只有大约三分之二的学生正在从事需要高等教育资格才能完成的工作，其余三分之一的学生在多大程度上实现了成功的职业发展则尚不清楚。

2. 毕业率

假设成功完成学业表明学生已获得了相应的技能，那么毕业率也可以作为衡量大学有效性的指标之一。然而，毕业率取决于大学所采用的质量标准。换句话说，高毕业率可能是低质量要求的体现。此外，学生群体的构成也可能因大学学科领域的不同而存在差异，因此更难进行有效的比较。关于大学本科课程，平均76%的学生在开始学习课程的8年内毕业，其中 4%—13% 的学生可能换专业，在最初选择的学科以外的其他学科领域毕业。如果再加上师范大学和应用科学大学的毕业生人数，学术型大学的毕业率将上升至 84% 左右。然而，不同学科领域的毕业率存在差异，如理工学院的学生转学到应用科学大学非常频繁。

本科毕业生顺利考取硕士研究生的比率较高，约为 94% 左右，如果再考虑 76% 的本科毕业率和 83% 的硕士课程通过率，则硕士毕业率约为 60%。如果包含其他类型高等教育机构授予的硕士学位，硕士毕业率将增加大约三分之二。

二、应用科学大学

瑞士除了传统大学之外，还有第二类新兴的大学，即应用科学大学。同为学术型大学，传统大学主要从事基础研究，而应用科学大学主要从事应用型研究。应用科学大学在不同的专业领域提供以实践和应用为导向的学士和硕士学位课程，以及广泛的继续教育和培训课程。目前瑞士共有 8 所公立应用科学大学和 1 所私立应用科学大学。值得注意的是，应用科学大学为完成中等职业教育和培训并通过联邦职业高中会考的专业人员提供了接受高等教育的机会。

应用科学大学主要负责教学、应用型研究与开发、为第三方提供服务以及与瑞士国内外大学和研究机构的合作，提供以实践为导向的学位课程和以职业领域为导向的学术研究。

所有公立应用科学大学都会提供工商管理和服务、IT（Information Technology，信息技术）和工程技术、社会工作、专业建筑与建筑规划这些专业领域，其他专业仅在某些应用科学大学提供，包括农业、林业和体育。只有一两所院校开设应用语言学和应用心理学专业。

与传统大学不同，应用科学大学以更突出的实践和劳动力市场需求为导向，接受通过联邦职业高中会考或专科高中会考的学生，并最终可授予学士或硕士学位。应用科学大学与高等职业教育的关键区别在于有更高的入学条件，需要申请者具备高中教育阶段的相关文凭，同时侧重于学术研究工作。

（一）入学条件

已经通过联邦职业高中会考，并在与学习领域相关的专业中接受过职业教育和培训的学生，可直接进入应用科学大学学习。如果所接受的职业教育和培训属于非相关专业，则还需要至少一年的工作经验。这一途径被视为通往应用科学大学的"黄金途径"。获得普通文理高中会考文凭，并至少有一年相关行业工作经验的学生，也可以直接进入应用科学大学学习。通过相关专业的专科高中会考的学生，也可以获得应用科学大学某些专业的入学资格。

此外，还有其他途径可以获得应用科学大学的入学资格。例如，拥有与后续学业无关的联邦职业高中会考文凭或专科高中会考文凭的学生，如果在相关领域已经具备至少一年的工作经验，或是已经完成高等职业教育，同样可以获得应用科学大学的入学资格。一些学科领域则需要申请者通过相应的能力倾向测试，如应用心理学、设计、健康、社会工作、音乐戏剧或其他艺术、应用语言学、体育等领域，其中艺术和应用语言学的能力倾向测试可以替代至少一年的工作经验。

申请应用科学大学的途径非常广泛，其中参加联邦职业高中会考仍然是迄今为止最重要的入学途径，约占符合入学资格学生人数的60%。

（二）学士、硕士和博士教育

在基础教育和培训层面，应用科学大学的主要任务是为专业人士提供学士水平的普通教育，使他们能够在劳动力市场发挥积极的作用。因此，应用科学大学的课程是面向劳动力市场需求的，注重实用性，本科毕业的学生需要具备相应的专业技能水平。

应用科学大学在课程设置上拥有更大的自主权，且无须任何额外的批准程序就可以直接提供硕士学位。学生在所有学习领域都可以选择完成硕士学位。尽管硕士学位教育的需求因学习领域的不同而存在差异，但平均而言，在本科毕业后两年内考取硕士的学生比例约为21%。应用心理学和艺术专业是近年来最热门的硕士专业，有60%及以上的学生选择这两个专业，因为这些专业的学生在就业时对硕士学位的需求较高；社会工作和卫生领域对硕士学位课程的需求非常低，这两个专业只有不到十分之一的本科毕业生会继续攻读硕士学位。

只有传统大学才有权授予博士学位，但是应用科学大学可以与传统大学联合提供博士课程。这些联合项目使应用科学大学能够为科学人员的培养作出贡献，从而确保其实用型和应用型为主的研究方向。为促进这种合作，瑞士大学会议通过基于应用科学大学与传统大学合作的项目来支持2017—2020年的博士课程。此外，瑞士大学会议还积极推动试点计划，通过加强学术性与实践性的"双能力"模式来确保应用科学大学的连贯性，这将有助于应用科学大学的教职工在学术界和实践中发挥独特的优势和积极的作用。

（三）应用科学大学教育的有效性

应用科学大学的主要教学目标是培养出有资格进入劳动力市场的学生，使学生能够具备专业学术知识和对方法的实践应用能力。瑞士高等教育国家资格框架中规定了学生完成课程应具备的最低技能水平。尽管劳动力市场一体化指标可用于衡量应用科学大学教育的有效性，但迄今为止，瑞士还没有可用于以标准化方式审查所规定能力的国家测试或国际测试。这些指标可能并不直接代表能力，但它们可以提供有关劳动力市场是否对学生在大学获得的能力有需求的信息。目前，经常使用"毕业率"指标和"与市场的融合性"来衡量应用科学大学教育的有效性。

1. 毕业率

毕业反映了对学生必要技能的认证和培训质量的高低，因此毕业率可以作为评估应用科学大学教育有效性的指标之一。一所大学毕业率的高低取决于该大学所采用的质量标准。低毕业率往往意味着较高的质量标准，而高毕业率却可能意味着对学生的要求更为温和。如果将毕业率作为可信赖的教育有效性指标，那么大学不得将这一比例"人为地"保持在较高水平，或有意低于劳动力市场所需的资格要求。总体而言，应用科学大学毕业生具有较高的就业率，这在一定程度上反映了毕业生所得到的资格水平与市场需求的高适应性。

毕业率不仅取决于大学要求和课程质量，还取决于学生群体的构成。与传统大学不同的是，应用科学大学可根据学生入学途经的不同自行设置入学考试（见应用科学大学入学条件），因此，可以预期退学的学生将会减少，毕业率水平可能会更高。根据学科领域的不同，应用科学大学的毕业率在74%—100%，其中有入学考试的学科领域毕业率相对更高。

2. 与市场的融合性

应用科学大学被设计为实用性学位并以劳动力市场需求为导向，因此能否成功融入劳动力市场是评估应用科学大学教育价值的关键标准。除了毕业率之外，教育可以在何种程度上为劳动力市场输送符合职业资格的求职者也很重要。根据2015年的调查数据，应用科学大学毕业生更容易融入劳动力市场，毕业1年后，大约90%的学生顺利就业，只有不到5%的学生失业；毕业5年后，失业率更低，仅为2%，而就业率增长至93%。

然而，就业市场的高参与度并不能表明毕业生是否找到与其资格相称的工作。调查显示，平均每5名应用科学大学的毕业生中，有4名在离开大学1年后会从事与其受教育程度相匹配的工作，即要获得这份工作需要满足相应学历要求，或至少要取得相关的专业资格。即使在毕业5年后，从事与其资格相称的工作的毕业生比例也只略高于毕业1年后的比例。对于那些没有取得适当学历便找到工作的大量毕业生的解释可能是，高等职业教育的毕业生同样适合某些职位，例如在健康领域，基本上只有瑞士法语区的应用科学大学可以提供高等教育水平的健康教育，但是瑞士德语区的高等职业教育学院也提供了这方面的培训。由此可以看出，瑞士不同地区（法语区和德语区）之间的差异体现在岗位要求的制度结构上。

三、师范大学

师范大学主要为幼儿园、小学、初中、普通文理高中、中等专科学校和特殊教育领域培养教师。师范大学是瑞士第三类大学，与应用科学大学和传统大学并列，是专门培训教师的小型学术机构。由于其以实践为导向的学位课程和以职业领域为导向的研究，所以师范大学在类型上常被归为应用科学大学，然而二者的管理模式不尽相同。师范大学的职责包括初等教育和继续教育与培训、应用型研究与开发以及为第三方提供服务。

教师教育和培训的学位课程可以为师范大学的学生提供专业资格，包括科学部分、具体教学部分、教育科学部分和实践培训部分。这些学位课程将理论与实践工作、教学与研究结合起来，旨在传授足够的知识和能力，以便在将来的工作中为不同等级的学生提供教育和教学。根据大学理事会关于瑞士高等教育机构教育协调的条例，师范教育是在学士学位和硕士学位课程的双层模式下实现的。师范大学学生的学习成绩和表现用欧洲学分转换和积累体系（European Credit Transfer and Accumulation System，ECTS）学分来衡量，学习时间的长短取决于学生所选的学位课程。

（一）师范大学的组织与管理

师范大学主要是为各级各类学校提供足够数量的经过专业培训的教师，以满足学校的教学需求，因此对教育系统起着至关重要的作用。各州可以利用入学条件和培训规范来影响师范大学的选拔程序，从而塑造学生群体形式。各州主要通过三种方式对师范大学产生决定性的影响：首先，各州为师范大学提供资金来源；其次，各州为师范大学确定教学和培训内容；第三，因为师范大学的毕业生会成为大多数学校师资的重要来源，因此各级各类学校向师范大学提供资金支持。

尽管各州无法影响师范大学每年的招生数量，但可以通过一系列决策来影响教师的劳动力市场，例如通过调整对教师招聘有直接影响的体制框架，或通过有关师生比例的政策（如控制班级规模），来调控学校对教师的需求。

与高等职业教育领域不同，教师培训从未受到联邦政府的支持，一直是由州政府负责提供专属资金和监管事务。这一制度特征是师范大学和应用科学大学之间的一个显著差异。

瑞士州教育部委员会为各种教学职业资格颁布了国家认可条例，以确保教师可在全国范围内自由进入该行业，并确保国际上对其教学资格的认可，尽管这些资格来自各州。这些条例在课程结构、入学要求和教师资格等核心领域确立了标准，以确保职业资格互认。瑞士州教育部委员会在对国家认可条例所取得的进展进行评估后，作出了积极的反馈，认为课程认证的做法保证了教师的专业流动性和教师培训的质量水平。瑞士州教育部委员会要求所有教师培训都必须在高等教育机构完成，但对机构形式没有限定。目前参加教师培训课程的学生中有近 90% 在师范大学就读，其余学生在其他高等教育机构完成教师教育培训课程。

（二）入学条件

师范大学主要面向持有普通文理高中会考文凭、联邦职业高中会考文凭、专科高中会考文凭和专科高中毕业证书的学生开设课程。近年来，申请者中持有联邦职业高中会考文凭、专科高中会考文凭或专科高中毕业证书的学生数量有所增加，而持有普通文理高中会考文凭的学生数量越来越少。同时，男生的招生比例呈上升趋势。

（三）师范大学教育的有效性

师范大学教育的有效性可以通过师范大学向未来教师传授技能和能力的程度来评估，这些技能和能力有助于这些未来教师提高所教学生的综合实力。因此，为了评估各个师范大学在这方面的相对有效性，需要考虑学生个人认知和动机禀赋的不同，以及这些学生未来可能面临的不同需求。瑞士对师范大学教育有效性的研究主要体现在对学生毕业时或进入教师行业时所取得能力的调查，通常通过学生的自我评估、课堂观察和问卷调查，以及在某些特定情况下学生的表现来收集数据。对毕业生数据的分析，能够确定学生在师范能力培训期间获得的技能与新晋专业人士所需能力之间的技能匹配状况。各个师范大学在学生评估的技能匹配方面没有显著差异，而同一师范大学的学生之间的差异较大。性别和教学水平对获得的能力与所需能力匹配程度的评估具有更大的影响。例如，女生在理论知识的运用方面稍差于男生，中学教师在"课堂表现"方面的自我评价不如小学教师，这可能与其对自身专业要求更高有关。

据瑞士联邦统计局数据显示，大多数师范大学毕业生在完成学业后一年内就可以找到教师的工作。然而，也有相当一部分中学教师无法立即在教育系统的适当级别找到一个职位，五分之一的初中教师和三分之一的高中教师只能在较低水平的学校任教（2014 年数据）。在对毕业 5 年的师范大学毕业生的调查中发现，有超过 80% 的毕业生仍在工作岗位上留任，有不到 20% 的学生离职，除了个人原因导致的离职之外，也可能是该行业缺乏吸引力或大学没有帮助学生进行充分的职业准备而造成的。

四、高等职业教育

高等职业教育与州立大学、联邦理工学院、应用科学大学和师范大学一起被瑞士法律规定为高等教育，为要求较高的职业领域和领导职位提供课程。由此可以看到，普通教育和职业教育形式的多样性在高等教育中得以保持。高等职业教育服务于企业员工培训，并帮助专业人士提高专业技能，为企业提供经验丰富的专业人士和管理者。

瑞士高等职业教育由高等专科学校、联邦职业考试和联邦高等专业考试组成。高等职业教育在高等教育中被认定为 B 类教育，使拥有联邦中等职业教育文凭的专业人员能够在没有联邦职业高中会考文凭的情况下接受高等教育。瑞士《联邦职业教育法》规定，高等职业教育的目的是"获得执行与特定职业相关的复杂任务和决策所需的能力，并具备迁移能力"。与其他教育类别相比，高等职业教育更符合劳动力市场的要求。参加高等职业教育课程的学生通常拥有一定的专业经验，并且是在工作的同时继续完成学业，这对他们来说，尤其是在发展社交能力方面是一种优势。

高等专科学校为学生提供了以实践为导向的专业技能，以承担专业和管理责任。就高等专科学校的资格而言，行会组织与教育提供者合作为每门课程制定了核心教学大纲，在课程获得了联邦认可后，教育提供者对资格认证过程进行管理并最后颁发文凭。

瑞士联邦职业考试和联邦高等专业考试用于评估学生的专业技能。毕业生通过联邦职业考试可获得联邦职业考试专业证书（简称联邦专业证书，Federal Diploma of Higher Education，FDHE），而通过联邦高等专业考试可获得联邦高等专业考试文凭（简称联邦文凭，Advanced Federal Diploma of Higher Education，aFDHE）。联邦文凭相比联邦专业证书具有更高的水平，持有联邦文凭的毕业生有资格成为某一特定领域的管理者或专家。行会组织在考试条例中规定了取得这两种证书所需要达到的技能，并在考试中对学生的技能进行评估。

根据联合国教科文组织 2011 年颁布的新的《国际教育标准分类法》分类，高等职业教育资格不再与其他高等教育资格分开列示，而是具有了可比性。鉴于教育统计中职业资格的多样性，以及与其他同等学力的关系，目前高等职业教育按照其等级被分类在 ISCED 5 级—ISCED 8 级。在瑞士的教育统计数据中，所有不受联邦监管的职业资格都被归类为 ISCED 5 级。高等专科学校文凭和联邦职业考试专业证书属于 ISCED 6 级（学士或同等学力），而联邦高等专业考试文凭属于 ISCED 7 级（硕士或同等学力）。瑞士国家资格框架将高等职业教育安排在第 5—8 级，其中联邦职业考试为第 5—6 级，联邦高等专业考试属于第 6—8 级，高等专科学校为第 6 级（见表 2.2）。

表2.2　瑞士高等职业教育概况

参加考试 / 入学要求		学习时间	教育提供者	资格证书	瑞士职业教育国家资格框架（NQF-VPQ）
联邦考试	联邦职业考试	高中学历和相关领域一定年限的工作经验	学生可自愿参加预备课程（非全日制），没有具体的学习时间	教育机构、行会组织以及公立和私立学校提供预备课程，学生可自愿参加	联邦专业证书，例如工商管理和应用技术管理专家，联邦专业证书	5—6
	联邦高等专业考试（包括大师考试）	联邦职业考试和相关领域工作经验			联邦文凭，例如注册会计师联邦文凭、农艺师联邦文凭	6—8
高等专科学校		高中学历和工作经验	4—8 个学期（全日制或非全日制）	私立和公立学校	高等专科学校文凭，例如注册护士高等专科学校文凭	6

第四节 实际有效的继续教育与培训

鉴于技术革新和社会变革以及劳动力市场的国际化，继续教育与培训（Continuing Education and Training，CET）对于瑞士高度发达的知识社会变得至关重要。继续教育与培训是正规教育框架之外的结构化教育，属于非正规教育，包括以有组织的课程、学习计划和明确的教学和学习关系形式进行的教育和培训。这种非正规教育使个人能够弥补其技能短板，同时保持和改进现有技能，并将其技能扩展到新的活动中。

结构性转变和劳动力市场动态导致资格要求的快速调整，同时导致技能迅速过时。此外，人口结构变化和社会老龄化意味着劳动年龄人口的平均年龄不断上升，这反过来又意味着新知识和新技能越来越不可能通过年轻劳动力迅速进入劳动力市场。最后，技术变革使得没有高中及以上学历的人越来越难以在劳动力市场上长期占据优势，这反过来又增加了他们在成年后通过完成正规教育课程来迎头赶上的需求。这也适用于一部分几乎没有受过多少正规教育的瑞士移民，他们在通常应该已完成正规教育的年龄进入瑞士。为了帮助这些移民有效融入瑞士的劳动力市场，有必要解决他们正规教育的缺失问题。

一、继续教育与培训的概念

继续教育与培训被视为终身教育的一部分，具体指的是非正规教育活动，是在正规教育体系之外，即在授予正规资格的地方以外的地方进行的有组织的学习。非正规教育包括课程、会议、研讨会、私人课程和在职培训。严格来说，作为高等职业教育一部分的联邦职业考试的预备课程不属于正规教育，因为考试属于正式资格的一部分，而参加继续教育课程是自愿的，因此培训本身被视为非正规教育。同样，大学和理工学院的继续教育培训也属于非正规教育范畴，即使这些课程有自己的证书，例如某些专业的硕士课程。这些继续教育的资格证书不算作正式学历。此外，在结构化环境之外进行的且不属于明确课程的一部分的非正规学习（如个人学习），也属于继续教育的范畴。

二、充满活力的劳动力市场

众所周知，瑞士劳动力市场非常活跃，这不仅是快速创造就业机会的结果，也是当前劳动力部门相对较高的流动率造成的。每年都有许多员工更换工作，这可能是继续教育与培训课程需求旺盛的原因之一。这种相关性可以根据国际数据进行实证研究，在劳动力市场员工流动性较高的国家，民众参加继续教育的比重较高。劳动力市场越活跃，员工就越需要确保自己的就业能力。然而，高流动性并不仅仅迫使有酬就业者自己通过参加继续教育与培训保持就业能力，企业也同样需要将为员工提供继续教育机会作为一种激励措施，以留住现有员工。如果没有这些努力，企业将不得不面临员工流失的风险，进而只能通过培训新员工来弥补员工流失带来的损失。

与其他国家相比，瑞士每年新增就业岗位的比例很高，这不仅是由于人们频繁更换工作，还因为受到技术变革驱动的结构转变的影响，这体现在每年创造的新就业岗位数量以及所需的新技能上。自动化消除了工业生产中的常规手工任务，代之以需要更高认知技能的任务，同时数字化多年来在服务行业中也激发了类似的过程，即常规认知活动正在被非常规认知活动所取代，这些活动通常需要其他技能，而这些技能越来越多地只能通过高等教育来获得。在瑞士，通过职业类别的数量变化可以看出这一趋势：越来越多的瑞士人选择从事科学方面的职业和担任管理人员，与此同时，不需要受过高等教育的工作所需的人员越来越少，例如手工艺、工厂的机械操作以及装配等。通过提供有针对性的继续教育与培训计划和招聘训练有素的员工，企业可以更轻松地应对持续不断的技术变革。此外，对于相当一部分具有中等学历的人来说，他们可以通过完成特定的继续教育课程进入高等职业教育领域，从而在未来获得更具挑战性的工作。

三、继续教育与培训的必要性

继续教育与培训是一种必要的教育形式，主要有三个原因。首先，继续教育与培训给没有接受过高中及以上教育的人提供了弥补教育缺陷的机会。这也适用于那些在正式教育结束的年龄移民到瑞士的人，必须解决他们的正规教育不足的问题，以促进他们持久地融入瑞士的劳动力市场。2014年瑞士《联邦继续教育与培训法》的制定，进一步促进了瑞士终身教育的发展。2011—2015年的立法规划明确规定了增加未接受义务教育者参与继续教育与培训的目标。低技能人群通常无法通过非正规学习达到高中及以上学历水平，即使他们已经有了几年的工作经历。此外，完成义务教育后的工作人员也在继续学习，他们实际上比学历较低的人接受了更多的培训。因此，正规教育程度较低的人和正规教育程度较高的人之间的差距并没有缩小，相反，却在扩大。然而，近几十年来，瑞士劳动人口中低技能人员（即没有获得高中及以上学历的人员）的比例有所下降。2016年，在年龄较大的人群（40—64岁）中，这一比例约为10%，而在年龄较小的人群（25—29岁）中，这一比例则低于5%，这是正规教育规模扩大导致的结果。尽管如此，没有受过高中教育的外国移民就业人群比例仍然严重过高，对于40—64岁人群，几乎每3—4个人中就有一个没有高中及以上学历。不工作会降低一个人获得职业资格或参加继续教育与培训的机会，尤其是缺乏雇主的支持。因此，使没有受过高中及以上教育的人融入继续教育与培训中，可以为他们提供提升学历的机会。

其次，继续教育与培训可以有效应对技能贬值。对于受过较高水平教育的人来说，技能和知识的维护和发展尤为重要，因为他们的能力水平会随着时间的推移而降低。成年人的一般基本技能也有随时间逐步下降的可能，例如计算和识字能力。因此，受过良好教育的人更有可能接受进一步培训，以使其技能保持在更新和更前沿的水平。与技能水平低的人相比，受过良好教育的人从进一步培训中获得的好处要大得多。这是因为他们的学习效率更高，因此可以通过同样的教育和培训投资获得更大成效。无论对教育在进修中的作用有何种解释，受过良好正规教育的人对继续教育与培训的参与程度显然更高，这将导致合格员工与不合格员工之间的差距越来越大。

支持继续教育与培训的第三个理由缘于技术和经济变革，这种变革会影响到每一个人，无论他们接受过何种教育。颠覆性创新是技术进步的一个反复出现的特征。随着技术更加先进，生产过程中的某些环节可能变得多余，因此企业需要更高素质的操作员。数字化可以使一些日常活动变得简单，这部分工作通常由受教育程度较低的人担任。然而，如果这类工作也涉及大量日常工作，数字化也可以扩展到与中等或高级教育相关的工作类型。如果这些工作消失，受影响的人将不得不另谋出路，这通常意味着一旦明确受影响的是哪些活动，相关人员就需要进行再培训。同时，技术进步也可能发生在特定的职业中，并产生对全新技能的需求，这就要求员工能快速获得新技能，从而超出了逐步更新现有技能的范围。

四、相关法律条款

《联邦继续教育与培训法》是瑞士继续教育与培训的主要法律基础，于 2014 年 6 月制定，并于 2017 年 1 月 1 日生效。该法律规定了瑞士联邦和各州在制定关于继续教育与培训的特别法律时必须遵守的一般原则，包含了所有与内容相关或与课程相关的规定，提高了国家治理的一致性。国家对继续教育与培训的支持将提供对公共利益、质量保证、机会平等和竞争的新的标准。该法律加强了政府对继续教育与培训需要资助的领域的监管。政府鼓励那些在阅读、写作、计算和信息通信技术方面缺乏基本技能的人通过公共资助的培训来提高自己。联邦政府通过为各州提供捐款来资助相应继续教育与培训的实施。

五、企业内部继续教育与培训

继续教育与培训主要在工作环境中进行，企业可以通过进一步培训来提升员工质量。超过 80% 的瑞士企业支持继续教育与培训活动，大约三分之一的企业都会为其员工提供培训课程，以帮助他们应对联邦职业考试和联邦高等专业考试。然而，很少有企业积极提升员工对基本技能的熟练程度。调查显示，2015 年提供继续教育与培训的企业为每位员工平均花费不到 700 瑞士法郎，平均约 0.8% 的劳动力成本用于企业对继续教育与培训的投资。

参加继续教育与培训的决定通常不是由员工自己作出的，而是由他们的经理、企业管理层或负责继续教育与培训的人力资源经理决定的，这实际上是一个基于个人资历、职业地位、职能和潜在发展能力的选择过程。因此，缺乏正规教育的人在这个过程中通常会被忽视。大多数雇主仍然为绝大多数员工的继续教育与培训提供支持，无论员工具备何种教育背景，这反映了企业在更新员工技能方面所承担的责任。

瑞士继续教育与培训市场主要是按照私营部门的原则进行组织的，因此大多数非正规学习机构都是私人组织。首先，企业会为员工提供大量的面向企业和相关专业领域的继续教育与培训。其次，私营的继续教育与培训提供商和行会组织、雇主组织和工会也活跃在继续教育与培训市场。

数字技术在继续教育与培训领域也发挥着作用。由数字化学习支持和扩展的更大的经典教学方法，如学习平台、社交媒体、基于计算机的培训学习课程或基于网络的在线培训学习课程等广泛传播。

六、继续教育与培训的参与

从 2011 年到 2015 年，瑞士联邦委员会的立法目标之一是显著提高低技能人群（初中毕业水平）的继续教育与培训参与率，且这一任务在几年间得到了很大改善。截至 2016 年，高中教育水平的参与者中有 60% 以上参加了继续教育与培训，而高等教育水平的参与者中有 80% 以上参加了继续教育与培训。2021 年，在瑞士 25—74 岁人口中，约有 45% 的人口参与过继续教育与培训[1]，其中大多数非正规教育活动都是出于工作原因进行的。

瑞士继续教育与培训的参与率多年来一直在欧洲遥遥领先，无论是普通民众还是受过高等教育的人群均如此。然而，瑞士低技能人群的继续教育与培训参与率无论从绝对值还是相对于其他人口群体的比例而言均较低，加上接受继续教育与培训的高等教育学历的人数比例较高，意味着两者之间存在较大差距。

继续教育与培训在个人参与率方面存在显著的相关性，较高的教育水

---

[1] 资料来源于瑞士联邦统计局网站。

平、较高的职业地位、女性更多选择参加继续教育与培训。[①]综合考虑个人因素、结构因素和商业因素，具有高等教育背景的人群学习继续教育课程的可能性比具有职业教育和培训背景的人群高 25%，比低技能人群则高40% 以上。

除了个人参与，企业部门也会开展继续教育与培训。参与继续教育与培训的企业部门主要可分为三类：首先是继续教育与培训占主导地位的部门，如健康、社会福利或教育，约有 60% 的员工参与培训，同时在年轻员工和年长员工参与率之间也可达到平衡关系。这类部门要求员工定期参加继续教育与培训项目。其次，有一些行业的继续教育与培训参与率高于平均水平，例如公共管理或金融，约占 20%—30%，其中年轻员工比年长员工更有可能参与继续教育与培训。第三，在房地产、建筑等行业，就业人员参与继续教育与培训的总体概率低于平均水平，并且与年轻员工相比，年长员工的参与率更低。

七、继续教育与培训的有效性

继续教育与培训的有效性反映在通过培训所提高的目标能力上。然而，因参与者的不同，继续教育与培训活动的目标也各不相同，而且在内容、范围和强度方面存在显著差异。与正规教育领域不同，非正规教育领域几乎没有任何带有学习目标的明确的教育政策标准，因此政策目标的制定大多非常笼统，通常侧重于促进继续教育的方式，例如联邦委员会的立法计划。

通过询问参与者对继续教育与培训的满意度，可以在一定程度上衡量继续教育与培训的有效性。这种方法主要衡量参与者在能力的获得、适用性和迁移到日常工作生活方面的能力。然而，这些评估往往是主观的，且由于没有使用统一的调查工具，因此无法为全面评估继续教育与培训带来的效益提供基础。

从社会角度来看，人们对教育政策有着强烈的共识，也有兴趣让没

---

① 资料来源于瑞士联邦统计局网站。

有接受过高中教育的群体通过继续教育提高他们的劳动力市场技能。因此，联邦政府愿意增加针对这些群体的教育措施的公共资金（Public Funding）。这些举措的有效性通常通过是否成功鼓励学历较低的个人参加继续教育培训项目来衡量。

对低学历的个人参加继续教育的比例进行国际比较可以发现两点。首先，没有接受过高中教育的人口比例越大，没有接受过高中教育的人与接受过高中教育的人在参加继续教育与培训方面的比例差距就越大，这是由于在没有接受高中教育的人口比例较高的国家，劳动力市场一体化较弱，也是因为经济政策更贴近那些低学历的群体。这对投资者资助继续教育与培训项目的意愿产生了负面影响。其次，与欧盟国家相比，瑞士是一个例外，其没有接受过高中教育的人口比例相对较小，因此瑞士的继续教育参与率差距特别大。即使这更多是由于受过高中教育的人的继续教育比例高于平均水平，而不是没有受过高中教育的人低于平均水平，但这仍然表明，与接受过高中教育的人相比，没有接受过高中教育的人从瑞士整体强劲的继续教育活动中受益较少。

瑞士整体较高的继续教育参与率也可以用该国强劲的经济表现来解释。然而，一个国家的经济表现和人口的继续教育模式之间的强相关性并不能说明因果关系。一方面，强有力的继续教育参与可能是经济体产生可观附加值的结果，出于与劳动力市场一体化相关的原因，对继续教育的需求会更强烈。另一方面，较高的继续教育参与度可能是经济表现强劲的原因之一，因为拥有尖端技能可以推动这种经济的快速增值。

第三章

瑞士职业教育体系

　　瑞士职业教育和培训使瑞士年轻人第一次接触到真实的职场生活，为年轻人开辟了广泛的职业前景，是终身学习的基础。基于双元制的瑞士职业教育和培训项目（Dual-track VET Programme）是瑞士最普遍的职业教育形式，主要分布在瑞士德语区，而在瑞士法语区和意大利语区，以学校本位的职业教育和培训项目（School-based VET Programme）占据主导地位。2020 年，学校本位的职业教育项目在瑞士德语区占所有职业教育项目的 4%，而在法语区和意大利语区的占比分别为 23.7% 和 27.7%。[①]

　　瑞士职业教育体系除了以实践为导向的双元制特征外，还具有极大的灵活性和不同教育途径之间的相互渗透性，为年轻人提供了在普通教育和职业教育之间相互流通的多种选择形式。瑞士职业教育和培训使年轻人能够在就业阶梯上站稳脚跟，也为企业提供了合格的管理人员和熟练员工。培训课程面向就业市场所需的职业资格，就业机会取决于当前经济状况和未来企业对员工的需求，提供的课程完全以市场本身的需求为导向。瑞士

---

① 资料来源于瑞士教育科研与创新国务秘书处发布的《2022 年瑞士职业教育事实与数据》。

职业教育对于年轻人具有极大的吸引力，职业教育资格在瑞士受到高度重视，甚至是一些非常有能力的学生的首要选择。

第一节 瑞士职业教育体系概述

一、瑞士职业教育体系的框架

瑞士具有完善的职业教育体系（VPET），这一体系与就业市场高度关联，为瑞士企业每年持续稳定地输送各层次人才。瑞士职业教育体系与普通教育体系互融互通，这是瑞士职业教育体系大获成功的关键因素。

从广义上来看，职业教育存在于瑞士教育体系的各个阶段。首先是超前介入的职业教育准备阶段，主要在初中和职业生涯指导中心进行，为学生提供有关学徒职位方面的信息，帮助学生了解自己的职业兴趣和职业倾向。其次是主体灵活的中等职业教育，以学徒制职业教育为主，还包括学校本位的职业教育。第三是凸显能力的高等职业教育，主要由高等职业教育机构承担。最后是终身完善的职业继续教育，包括为成人举办的多种非正规教育与培训。鉴于中等职业教育和高等职业教育是瑞士职业教育的最大特色，因此本章以阐述这两个阶段的职业教育为主，同时对瑞士职业教育与普通教育的融通转换加以简述，如图 3.1 所示。

二、瑞士职业教育体系的特点

从整体上来看，瑞士的职业教育呈现以下六个特点。

第一，学习与工作紧密结合的"双元制"。双元制职业教育和培训项目是瑞士职业教育的一大特色。在结束义务教育后，三分之二的瑞士年轻人会选择学习融合了职业学校指导与企业实践培训的中等职业教育和培训项目。瑞士职业教育和培训项目根据不同的学习等级可分为 2 年制和 3—4 年制。

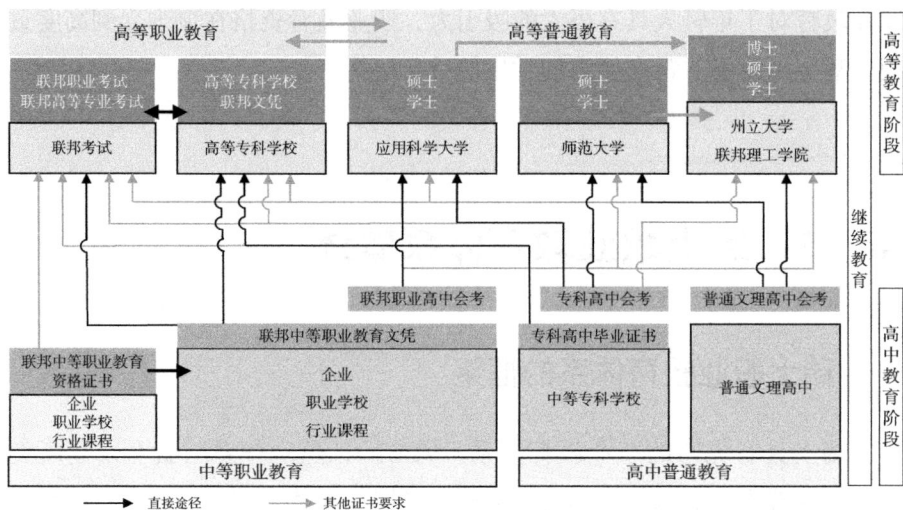

图 3.1 瑞士职业教育与普通教育互融互通[①]

第二，公私三方合作伙伴。瑞士联邦政府、各州政府和行会组织三方共同致力于将瑞士职业教育体系推向更高标准。三方各司其职，在法律制定、政策研究、资金供给等多方面合力支持瑞士职业教育体系的建设。

第三，紧贴劳动力市场的"学徒身份"。瑞士职业教育体系最大的特点是与劳动力市场紧密联系。学生以学徒身份进入企业，企业会为学徒发放薪水。瑞士极具特色的"学徒制"立足劳动力市场的需求和企业的要求，学徒获得的技能来自真实的工作环境。职业教育和培训与工作实际的直接关系有助于年轻人更好地融入劳动力市场，这也是瑞士年轻人失业率较低的原因之一。

第四，职业教育与普通教育互融互通。瑞士的职业教育和普通教育既有各自完整的体系，又具有高度的渗透性。完成高中阶段的职业教育课程并获得职业教育文凭后，部分学生会选择直接就业，其余学生可以选择进入高等专科学校学习，还可以在参加联邦职业高中会考后进入应用科学大学和普通高校学习。普通高中毕业生也可以在完成一段时间的实习以后，

---

① 资料来源于瑞士教育科研与创新国务秘书处网站。

进入应用科学大学或高等专科学校学习。

第五，学徒培训是企业对未来员工的投资。瑞士职业教育和培训对企业和学徒来说都是值得的。由于学徒在培训期间所做的生产性工作超过培训成本，培训自己的熟练员工比雇用新员工更便宜，因此学徒培训对企业来说是一个经济上有吸引力的选择。从长远来看，如果提供学徒培训的企业可以将参训学员留在企业，也能因此在其招聘和入职培训环节节省一笔开支。

第六，以"专业能力"为导向的学习成果。瑞士职业教育和培训的目的是让学生在学习过程结束时获得职业实践所需的技能，而这一目标的实现体现在"专业能力"的概念中。"专业能力"是劳动力市场所需的能力，可细分为技术能力、方法能力、个人能力和社交能力，以及知识、技能和态度。

从整体上看，瑞士的职业教育体系极大地满足了学习者、政府和雇主的需求。学徒文凭不是终点，而是个人成长和职业发展的起点。瑞士的教育体系在职业学校和普通高校之间也设置了许多持续进步、相互流动的通道。瑞士职业教育和培训对年轻人有着巨大的吸引力，是年轻人通往职业技能人才之路，并为其终身教育奠定了坚实的基础。

第二节　瑞士中等职业教育和培训

在瑞士，完成义务教育之后的年轻人面临两种选择：要么就读于职业教育领域的瑞士职业高中，要么就读于普通教育领域的普通文理高中或中等专科学校。有超过三分之二的年轻人在完成义务教育之后选择接受中等职业教育和培训项目，这一比例多年来一直保持不变。2020年，超过7.1万名瑞士初中毕业生开始接受职业教育（见图3.2）。许多无法直接升入高中的年轻人选择了过渡选项，如提前开启过渡课程或职业教育预备课程。

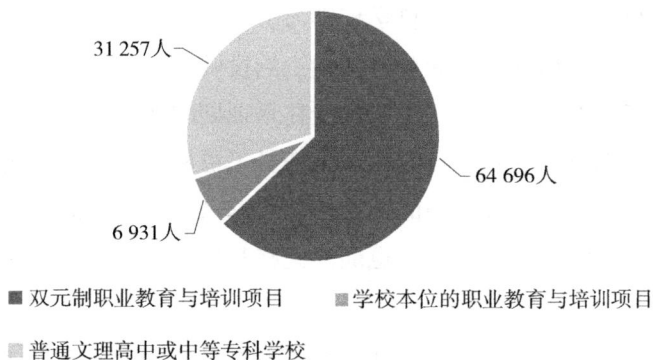

31 257人

64 696人

6 931人

■ 双元制职业教育与培训项目　　■ 学校本位的职业教育与培训项目
■ 普通文理高中或中等专科学校

图 3.2 2020 年瑞士高中教育阶段入学人数分布 [①]

2022 年，瑞士共颁发了 108 520 份高中文凭，包括 65 831 份职业教育文凭和 42 689 份普通教育文凭。从性别分布来看，取得联邦中等职业教育文凭、联邦中等职业教育资格证书、联邦职业高中会考文凭的男生多于女生（见图 3.3）。在过去的近 20 年里，高中文凭的数量增加了 20%（见图 3.4），这一显著增长主要是由专科高中会考文凭的增长以及联邦中等职业教育资格证书的引入推动的。联邦中等职业教育文凭和普通文理高中会考文凭——这两个高中教育阶段最常颁发的文凭，在此期间均增长了近 15%。

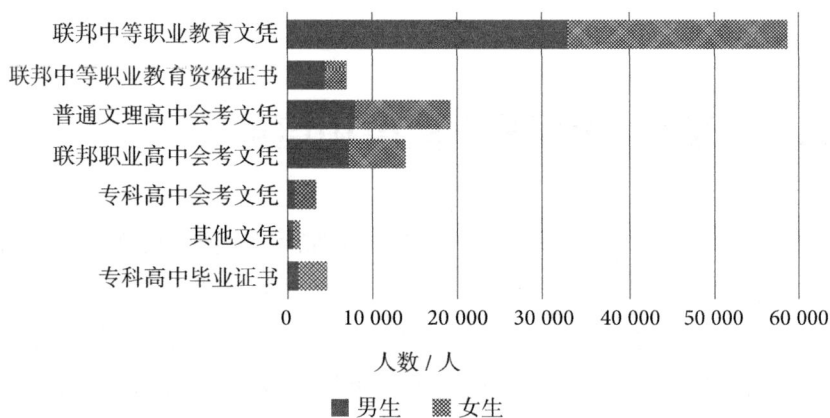

图 3.3 2022 年按培训类型和性别划分的瑞士高中文凭 [②]

---

① 资料来源于瑞士教育科研与创新国务秘书处发布的《2022 年瑞士职业教育事实与数据》。
② 资料来源于瑞士联邦统计局网站。

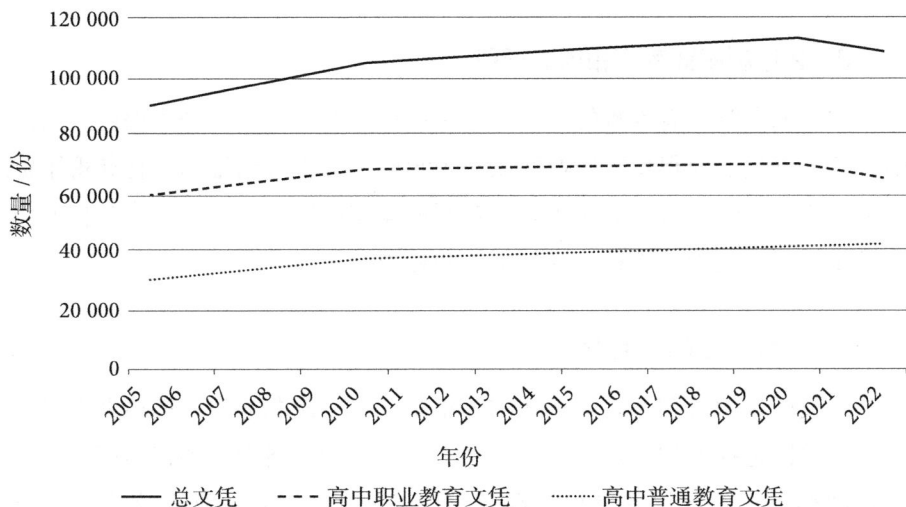

图 3.4 2005—2022 年瑞士高中文凭数量变化情况[①]

一、职业教育和培训项目

（一）不同学制的职业教育和培训项目

职业教育和培训项目旨在为学习者提供扎实的专业能力和通识教育能力。超过 85% 的瑞士职业教育和培训项目遵循双元制，可分为以下三类。

1. 3—4 年制职业教育和培训项目

绝大多数学生参与这一类职业教育课程。这类课程主要为学习者提供了从事特定职业所需的能力，并为他们提供接受高等职业教育的机会。课程结束后，学习者可以获得联邦中等职业教育文凭。学习者还可以选择在其职业教育和培训项目期间或取得联邦中等职业教育文凭后，参加联邦职业高中会考。

---

① 资料来源于瑞士联邦统计局网站。

2. 2年制职业教育和培训项目

主要面向学习有困难的学生。这类课程旨在为瑞士年轻人提供实践技能，并帮助他们获得特定职业的联邦中等职业教育资格证书。在获得了资格证书之后，学习者可直接进入3年制或4年制职业教育和培训项目的第二学年学习，从而最终获得联邦中等职业教育文凭。

3. 联邦职业高中会考

就读联邦中等职业教育文凭的3年制或4年制职业教育和培训项目的学习者可以选择参加联邦职业高中会考，会考的预备课程涵盖通识教育科目，课程目标、课程数量和实现专业化的途径在《联邦职业高中会考条例》和会考相应的核心课程中有所规定。那些通过联邦职业高中会考的学习者可以直接免试就读瑞士的应用科学大学。

学习者可以通过多种方式参加联邦职业高中会考的预备课程。第一种方式是在双元制职业教育学徒期，即在企业或全日制职业学校参加相关课程的学习。入学时通常会有附加条件，如学生报告中的具体成绩、入学考试等。职业教育和培训的额外教学通常需要另外半天的课程，大多从学徒期的第一年开始。第二种方式是在完成职业教育和培训项目后，通过参加专业技能人员的培训课程后再参加会考。全日制的培训通常持续2个学期，而非全日制的培训需要3—5个学期。一些机构负责提供联邦职业高中会考的预备课程。值得注意的是，联邦职业高中会考文凭只能与联邦中等职业教育文凭结合获得。获得联邦职业高中会考文凭的学习要么与学徒期同时进行，要么在学徒期结束后进行。第三种方式是直接参加联邦职业高中会考，该考试每年7月或8月举行一次，参加该考试需要持有联邦中等职业教育文凭。近年来，职业教育毕业生同时获得联邦职业高中会考文凭的比例一直稳步上升（见图3.5）。

获得联邦职业高中会考文凭的学生无须参加任何考试，可以直接进入应用科学大学学习与所参与会考方向相关的课程。联邦职业高中会考的预备课程为学习者提供了在应用科学大学攻读学士学位所需的知识和技能。除了正式入学要求外，应用科学大学可能还有额外的入学条件，如实习经

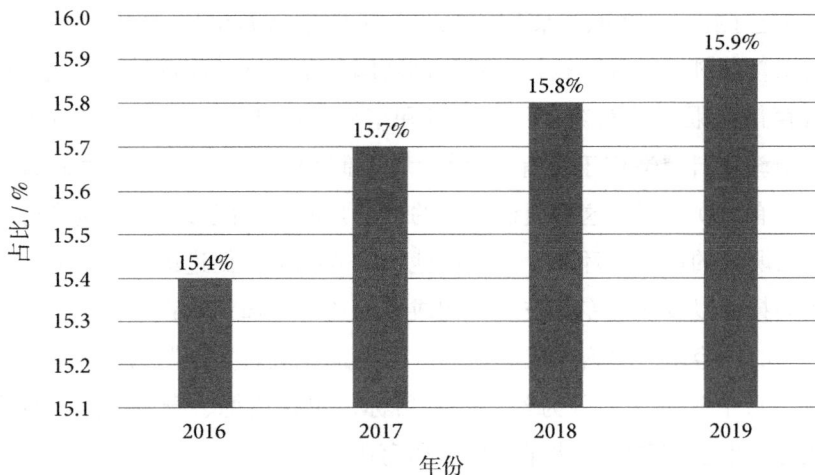

图 3.5 2016—2019 年联邦职业高中会考文凭持有者的比例 [1]

历、参加大学能力倾向测试等。一般来说，联邦职业高中会考的方向与职业教育和培训项目中涵盖的职业基本保持一致，包括工程、建筑、生命科学、自然、农业和食品、商业和服务、设计与艺术、健康和社会护理。

如果职业教育提供的课程不符合学习者所需的学习领域，学习者可以通过完成一年实习来获得入学资格。获得联邦职业高中会考文凭的学生可以参加大学能力倾向测试，通过这一测试的学生可以进入州立大学或联邦理工学院的任何学习项目进行学习。大学能力倾向测试可以通过自学或参加专门的课程来准备，通常需要一年时间。近年来，这种方式越来越受瑞士年轻人的欢迎。[1]

（二）职业教育和培训的科目

职业教育和培训包括专业实践、通识教育和职业教育科目，重点关注学生的企业实践培养、文化素质培养和专业理论知识素养培养，分别由企业、培训中心和职业学校提供。这三个职业教育和培训的提供者的具体教育目标和学习内容，在每个职业的具体职业教育和培训条例与培训计划中确定。培

---

① 资料来源于瑞士联邦统计局网站。

训计划规定了技能、知识、课程数量、企业间课程和资格认证程序。

通识教育科目受瑞士教育科研与创新国务秘书处《职业教育和培训中通识教育最低限度条例》与职业教育和培训中的通识教育核心课程的监管。通识教育科目适用于所有 2 年制、3 年制和 4 年制职业教育和培训项目，每年有 120 节课。这种通识教育的目的是使学生能够接触职场实际、了解自己所处的位置和环境，并帮助他们融入社会。促进语言、个人和社交的相关技能以及建立专业技能，构成了职业学校通识教育的核心。教学大纲的核心内容由"语言发展和沟通"及"通识教育方面"两部分能力领域组成，每个领域又划分为若干教育目标，包括道德、身份认同与社会化、文化、生态、政治、法律、技术和商业。

（三）联邦中等职业教育文凭与联邦中等职业教育资格证书

2022 年，在参加中等职业教育和培训的学生中，有将近 90% 的学生选择了 3 年制或 4 年制的职业教育和培训项目，其余的学生选择了 2 年制的培训课程。在专业分布上，大部分学生选择的是企业与行政管理、批发与零售、建筑与土木工程、社会工作与咨询、护理与助产等领域（见图 3.6）。

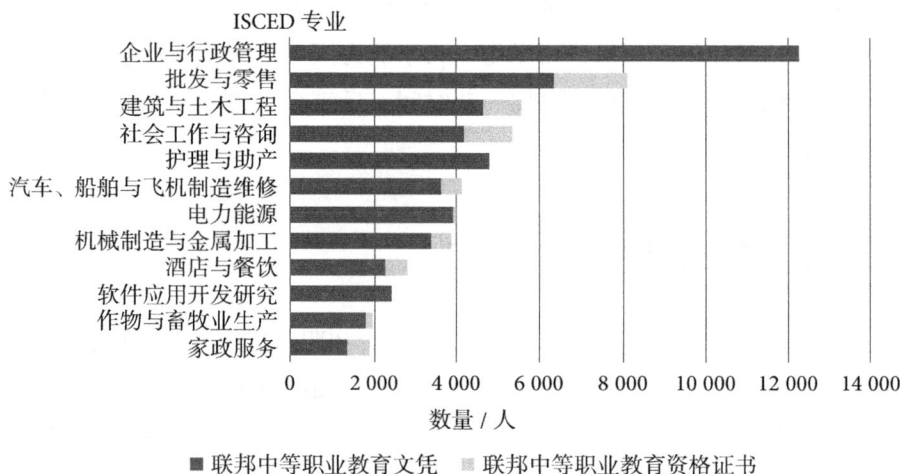

图 3.6　2022 年瑞士按 ISCED 专业分类的参加职业教育和培训的学生数量[①]

---

① 资料来源于瑞士联邦统计局网站。

2022 年，瑞士有超过 6.5 万名学生完成了中等职业教育和培训，约
89.16% 的学生获得了联邦中等职业教育文凭，约 10.78% 的学生获得了联
邦中等职业教育资格证书，还有个别学生获得其他中等职业教育文凭（见
图 3.7）。[①] 从性别分布上可以看出，完成瑞士中等职业教育和培训的男生
数量多于女生（见图 3.8）。

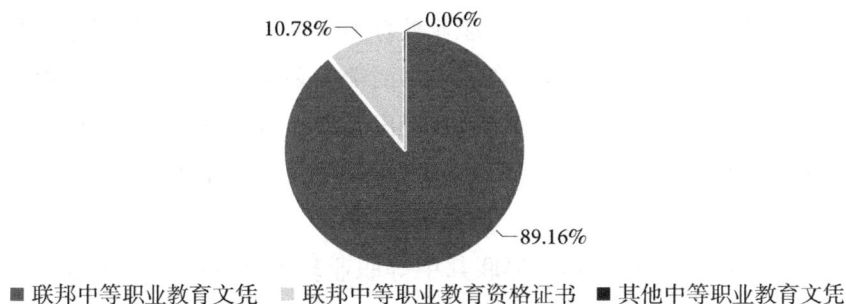

图 3.7　2022 年完成瑞士中等职业教育和培训的学生分布

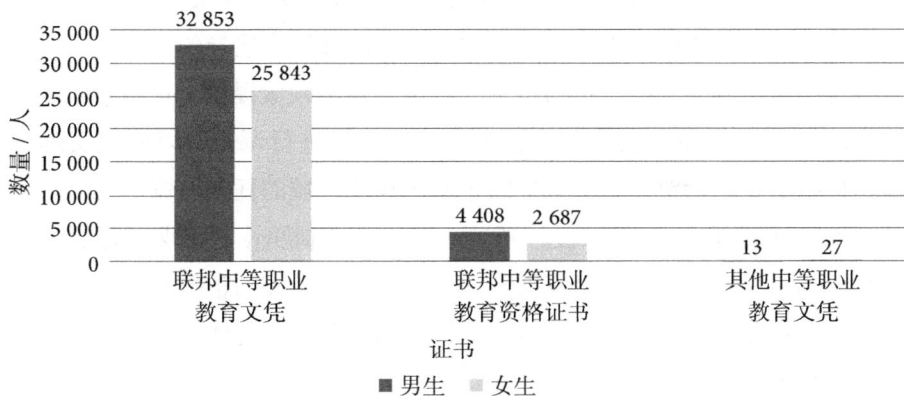

图 3.8　2022 年不同性别学生完成瑞士中等职业教育和培训的数量

有实践倾向的年轻人可以通过参加联邦职业教育和培训项目，获得具
有个人职业特征的公认职业资格。大多数学习者会在取得联邦中等职业教

---

① 资料来源于瑞士联邦统计局网站。

育资格证书后继续从事其选择的职业。联邦中等职业教育资格证书可以为学习者获得联邦中等职业教育文凭提供机会。大约 15% 的联邦中等职业教育资格证书持有者会继续攻读联邦中等职业教育文凭，攻读要求因职业而异。对于某些职业而言，依据《职业教育和培训条例》相关规定，持有联邦中等职业教育资格证书的学生（2 年制）可以直接进入相应的联邦中等职业教育文凭课程（3—4 年制）的第二学年学习，并在毕业时获得联邦中等职业教育文凭。对于在《职业教育和培训条例》中未作规定的职业而言，持有联邦中等职业教育资格证书的学生必须完成整个文凭课程的学习。然而，如果负责学徒培训的企业提出要求，州教育部门可以根据具体情况缩短培训时间，所有联邦资格证书和联邦文凭课程都可以根据需要单独缩短学时。

图 3.9 展示了 2022 年获得联邦中等职业教育文凭的学生数量，几乎一半的中等职业教育文凭授予了企业与行政管理、批发与零售、社会工作与咨询、建筑与土木工程、护理与助产等领域。从性别分布上来看，前两个领域的性别分布较平均，而建筑与土木工程领域显然是以男性为主导的，社会工作与咨询、护理与助产领域则是以女性为主导的。

行会组织或文凭授予机构负责决定是否在某领域提供 2 年制的职业教育和培训项目。在此之前，需要对劳动力市场进行调查，以确定实际需求，包括潜在培训对象、感兴趣的企业、相关领域的任何有竞争力的职业教育课程或者 3—4 年制课程。经过认证的 2 年制职业教育课程还必须提供相应的职业概况。以办公室助理、专业医护人员和通信技术专家三种职业为例，将瑞士联邦中等职业教育资格证书和联邦中等职业教育文凭作一比较，见表 3.1。[①]

---

① 资料来源于瑞士教育科研与创新国务秘书处发布的《2015 年瑞士国家资格框架与欧洲资格框架对接报告》。

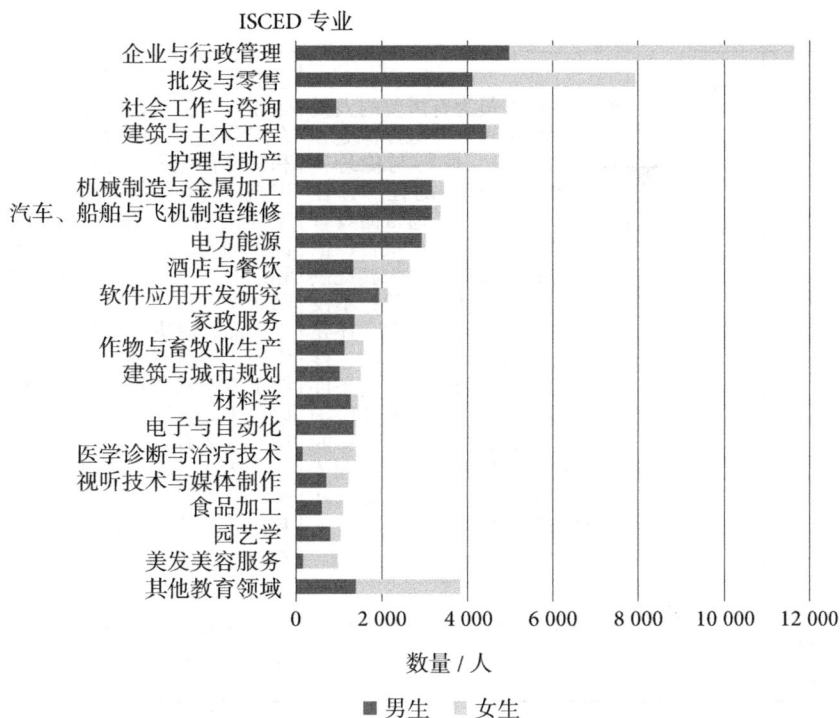

ISCED 专业

图 3.9　2022 年瑞士按 ISCED 专业分类获得联邦中等职业教育文凭的学生数量 [1]

表 3.1　瑞士联邦中等职业教育资格证书与联邦中等职业教育文凭比较

资格 类型	联邦中等职 业教育资格 证书	联邦中等职业教育文凭	联邦中等职业教育文凭
职业	办公室助理	专业医护人员	通信技术专家
所需 时间	2 年	3 年	4 年
入学 要求	通常完成义 务教育即可， 某些企业也 采用入学考 试形式	以优异成绩完成义务教育	完成义务教育，科学、数学和 语言课程成绩优异

① 资料来源于瑞士联邦统计局网站。

职业概况	办公室助理需要执行简单的、标准化的行政任务，能够使用各种办公设备和通信设备，其行动和行为是以服务为导向的	专业医护人员为有需要的人提供支持和护理。在医疗保健和社会设施中，执行与护理、营养和管理有关的任务；在专家团队中工作，通常向具有资质的护理专业人员报告；根据患者的需求和情况为其提供支持，提供关怀和建议；不仅要考虑患者的健康状况，还要考虑其宗教、文化、年龄、性别，以及生活习惯、生活条件和生活环境等因素。专业医护人员还代表其主管执行简单的医疗程序，例如测量血压和体温、采集血样、注射、提供药物和特殊食物等	通信技术专家在服务业、工商企业以及公共行政部门工作。在服务业中，银行、保险公司和软件企业等可为其提供就业岗位。拥有联邦中等职业教育文凭的通信技术专家负责设计、开发、安装、测试、操作和维护IT解决方案；在跨学科团队中工作，开发新的通信技术产品、解决方案和流程，并实施、运营和维护这些产品、解决方案和流程。执行的任务取决于其接受过培训的专业领域，主要有三个领域：应用程序开发（软件专业人员）、系统技术（设置和维护IT系统）和商业计算（同时从事系统技术和软件开发的专业人员）
获得更高级别资格	可申请联邦中等职业教育文凭	可申请应用科学大学助产学理学学士	可申请通信技术应用开发者联邦专业文凭

联邦中等职业教育文凭和联邦中等职业教育资格证书为从事特定职业所需的技能提供课程，这类证书和文凭可以证明持有者拥有劳动力市场所需的从事相关职业的资格。联邦中等职业教育文凭为学习者后续接受高等职业教育和培训或继续教育和培训提供了机会。

二、职业教育学习的场所

根据瑞士《联邦职业教育法》、具体的《职业教育和培训条例》及相应的教育计划，瑞士的职业教育和培训项目主要基于三个学习场所展开，分别是企业、职业学校和培训中心。

（一）企业

学徒的首要培训场所是企业，学徒每周大约要花3—4天时间在企业中接受培训。培训开始前，企业和学徒需要签订学徒合同（Apprenticeship Contract），该合同对双方都具有法律约束力。学徒通常可以在两个或多个企业中参与培训，通常是通过在真实工作环境中完成实际任务来学习，培训师对其进行监督、指导和支持。

在瑞士，企业在通过州一级的认证程序后方可提供学徒职位。企业与学徒签订学徒合同后，在真实的工作环境中对学徒进行培训，让他们完成与业务相关的任务。职业教育和培训项目遵循双元制的学习模式，其中85% 采用学徒制模式，将职业学校的课堂教学与企业的实践培训相结合。

事实上，学徒承担的任务可以为企业带来一定的经济效益，这也促使各种规模的企业愿意参与到职业教育和培训项目中来。然而，由于这些项目涵盖了与特定职业相关的许多技能，一些专业化程度高的企业很难提供完整的职业教育和培训项目，因此这些企业可能会与其他小型企业或专业化的企业建立一个企业联盟网络，以便与一家或多家其他企业联合举办部分学徒培训。

1. 职业教育和培训资格认证

企业需要申请由各州政府颁发的职业教育和培训资格认证，而且在接收学徒之前必须获得这一认证。除此之外，各州还对这些企业的学徒培训情况进行定期检查，以考查其是否有能力为学徒提供优质的培训课程。对于不符合要求或未达到标准的企业，各州有权利撤销其认证资格。

企业要想获得学徒培训的授权，需要满足一定条件，包括学徒的工作场所和环境必须满足相关要求，在职业教育和培训项目中规定的实际工作必须根据相关法规和条例、示范课程执行。此外，企业也可以提供部分额外的培训课程。学徒培训师必须遵守相关法律和条例规定，并且及时参加为学徒培训师提供的培训课程。

2. 企业联盟网络

一些中小企业由于专业化程度较高，无法提供职业教育和培训项目中规定的所有领域的培训，因而常常与其他企业一起协同对学徒进行培训，并分担培训投入的成本和时间。通过采用创建企业联盟网络的形式，这些专业化程度较高的中小企业可以与一家或多家其他企业联合举办部分学徒培训。企业联盟网络中的企业可以共享培训资源和学徒。瑞士教育科研与创新国务秘书处负责为企业联盟网络的运行和发展提供初始资金。

如果由于安全问题使得学徒无法在真实工作环境中操作任务，则可以考虑在工作模拟环境中或在工作坊中对学徒进行培训。

3. 教育监测报告

瑞士《联邦职业教育法》规定，接受学徒的企业中的职业教育培训师和职业教育培训经理应尽最大努力支持学徒实现他们的目标，并要求职业教育培训师评估每个学徒的培训进度，制定教育监测报告，及时跟踪记录学徒的教育水平，且至少每学期和学徒讨论一次评估结果。

教育监测报告是了解学徒培训情况的主要信息来源。学徒需要随时更新监测报告，他们可以记录下已完成的所有主要任务以及在企业获得的能力和经验。教育监测报告也可作为评估参考工具，当学徒培训师查阅学徒的教育监测报告时，能够据此评估学徒的学习进度、对职业的兴趣程度以及个人承诺程度，还可以将其作为实际工作期末考核的辅助手段。

教育监测报告的使用支持了学徒和职业教育培训师之间的持续沟通对话。教育监测报告有多种结构形式，可以用作准备就业证书的支撑材料，也可以作为员工评估面试的参考。许多行会组织为从事职业教育和培训的企业准备了针对其活动范围的评估表，通常以问卷形式提供，可帮助学徒培训师更好地了解学徒的个人信息、其在工作场所的行为和技术技能等。企业中的学徒培训师或培训经理可以对学徒的个人行为、工作态度和职业能力等方面进行综合评估。在评估学徒在培训期间取得的进展时，学徒培训师侧重于对学徒专业能力的评估，除了涵盖技术能力和方法能力，还包括学徒在团队中的社交能力及其个人能力（见表3.2）。相应的《职业教育和培训条例》规定了特定职业的学习和培训所需的能力。如果反馈的学徒评估结果仅达到培训最低要求，则必须积极查明原因并采取措施加以改善。

表 3.2　学徒培训师对学徒专业能力的评估

专业能力	
技术能力 － 培训水平 － 工作质量 － 工作数量和节奏 － 技术知识的实际应用	社交能力 － 团队合作和克服冲突的能力 － 合作意识 － 信息和沟通 － 以客户为导向的技能
方法能力 － 工作技术 － 根据情况思考和行动的能力 － 企业资源和设备的处理 － 学习和工作策略	个人能力 － 独立、负责任的行为 － 可靠、抗压能力 － 有礼貌 － 个人动机

4. 学习日志

学习日志可以系统性地呈现学徒在学徒期需要达到的所有绩效目标，使学徒和职业教育培训师都能有所遵循。学习日志支持学习计划与控制。建立学习日志应在学徒期开始之前，职业教育培训师和学徒一起填写学徒期各个阶段的绩效目标，共同规划学徒期的工作安排。规划应尽可能考虑到行业课程（Branch Course）和职业学校的课程安排。在学徒期间，由学徒负责学习日志的跟踪和记录工作，通过记录何时安排任务、何时达到绩效目标等来跟踪他们的实际学习经验，以增强他们的自我责任感。职业教育培训师和学徒定期会面，讨论学徒的实践经验和工作结果。当然，学徒期也可以根据实际需要对绩效目标进行调整。学徒需要完成所有的目标，同时完成学习日志的记录整理工作。培训师至少每学期检查一次学习日志。

（二）职业学校

以职业学校为基础的职业教育和培训称为校本培训。校本培训旨在强化通过企业培训学到的知识，确保学生获得与职业相关的知识、能力和技能，确保职业教育和培训项目的学校部分能够培养学生的综合能力，并为学生的终身学习奠定基础。

在瑞士"双元制"背景下，学习者一方面在职业学校完成课堂学习，另一方面在企业接受实践培训，课堂教学与基于工作的培训相结合，确保了双元制职业教育和培训项目两种路径的顺利过渡。职业学校提供的课堂教学，主要侧重于某些特定的职业课程和涉及通识教育的课程，如语言、沟通和社会技能（Language，Communication and Society，LCS）课程。课堂教学旨在培养学习者的技术、方法和社交能力，同时传授完成实际工作任务所需的理论方法和一般原则。课堂教学每周进行 1 到 2 天。职业学校还为联邦职业高中会考提供了预备课程。

瑞士职业学校董事会议（SDK-CSD）是瑞士最大的学校董事会议，代表了其成员在中等职业教育、高等职业教育和培训以及成人教育领域的利益，大约有 140 名成员，负责提供由教育科研与创新国务秘书处监管的所有培训。

（三）培训中心

培训中心是提供行业课程的重要场所。学徒的学习进度评估是基于其在所有三个学习场所的综合表现进行的，因此企业培训师（Workplace Trainers）、职业学校教师（Vocational School Teachers）和行业课程讲师（Branch Course Instructors）可以就学徒的评估表现充分交换意见。

行业课程旨在通过为学徒提供进一步的基本实践技能来补充职业学校的课堂教学和企业提供的学徒培训，而这些技能是在企业培训中无法提供的（例如出于安全原因）。行业课程对于学徒来说是必修课程。如果企业能够证明学徒已经在职业学校或在企业学徒期间接受过专门培训，则也可以不参加行业课程的学习。课程持续时间从几天到几周不等，这取决于相应的《职业教育和培训条例》的要求。行业课程的资金来源包括学徒所在企业支付的课程费用、联邦政府和州政府的资助，以及某些行会组织的捐款。

三、对职业教育受众的评估

《职业教育和培训条例》规定了企业和职业学校对学生的评估程序和要求。

企业中的职业教育培训师通常与接受职业教育的学生讨论学习情况，并在教育监测报告中记录学生的教育状况。学习日志每学期发布一次，其中包含由学生与职业教育培训师共同商定的绩效目标，并定期对这些目标进行评估。此外，还要评估专业、技术、社交和个人技能，以及学生在职业学校和企业所提供课程中的表现。在学习日志中，学生要系统地将所有重要的工作、获得的技能和经验记录下来。学习日志为职业教育培训师提供了有关学生学习进度、职业兴趣和动机的大量信息。而在职业学校，教师要在每学期结束后对学生在各个科目上的表现以报告的形式进行评估，评定为1—6级（1级＝非常差，6级＝优秀）。如果学生在学校或在企业的表现不尽如人意，那么职业学校则会联系培训企业对学生采取适当的措施，让该名学生重修全年的职业教育培训课程，或者直接取消这些课程成绩。如果总成绩达到4分，学生将会获得由州办公室颁发的相关证书或文凭。

第三节　瑞士高等职业教育和培训

瑞士的高等职业教育和培训（Professional Education and Training，PET）发端于与工作相关的不同种类的继续教育和培训，该领域几乎没有受到监管，而如今已成为瑞士高等教育中重要的组成部分。根据 2002 年 12 月 13 日瑞士颁布的《联邦职业教育法》，瑞士高等职业教育被确立为 B 级高等教育，与 A 级高等教育（州立大学、联邦理工学院、应用科学大学和师范大学）共同组成瑞士高等教育。在这种方式下，普通教育和职业教育形式的多样性也在瑞士高等教育中得以保持。2014 年，瑞士联邦委员会批准了一系列旨在加强高等职业教育的措施，其中包括瑞士职业教育国家资格框架（National Qualifications Framework for Vocational and Professional Qualifications，NQF-VPQ）中的资格分类、与其他国内和国际高等教育学历的比较，高等职业教育总体地位的提升，以及可获得性的改善。

一、历史缘起

瑞士漫长的高等职业教育发展历程反映了几个世纪以来瑞士劳动力市场的发展变化，这些变化对职业特征、技能水平和管理职位不断提出新的需求。1930 年瑞士联邦政府颁布的第一部《职业培训法》（Vocational Training Act）中确立了高级资格认证的联邦考试（如"工匠大师考试"），这是学徒培训（如"木匠师傅"）的先决条件。随后政府对与工作相关的继续教育和培训进行了修订和扩展，技术学院（Technical College）和联邦的一项标准资格认证考试于 1963 年开始实施，后者旨在证明申请者是否具备直接管理企业所需的职业知识和技能。技术学院倾向于提供以学校为基础的课程，旨在传授从事不需要高等教育资格的更高水平技术职业所需的知识和技能。那些成功完成技术学院课程的人被称为"技术学院工程师"或"技术学院建筑师"。1978 年进行了又一次改革，将以学校为主的与工作相关的继续教育和培训体系扩展到了专业技术学院，这些学院承担了对未来在这些领域可能出现的艰巨任务的培训重任。从那时起，瑞士高等职业教育和培训的范围和结构再次发生了重大变化。

一些技术学院和专业技术学院在职业教育体系中有着悠久的传统、享有很高的地位，逐步发展为如今的应用科学大学。这些机构从与工作相关的继续教育部门退出，重新组织起来并被定位为高等教育机构。这一改革之后，瑞士又相继成立了专门从事医疗保健职业和社会工作的应用科学大学和师范大学。

瑞士在 2002 年修订《联邦职业教育法》时，引入了高等职业教育和培训的类别，联邦考试以及保留下来的专业技术学院（即现在的高等专科学校）被重新定位为 B 级高等教育。

二、高等职业教育的组织与实施

在瑞士，高等职业教育和培训的特点是对劳动力市场的高度重视，体现了理论与实践之间的密切联系。高等职业教育和培训由联邦政府管理。联邦政府、各州政府和行会组织在各自的职责范围内展开合作。各州实施高等职业教育和培训体制，建立教育机构，并对高等专科学校进行监督。行会组织确定课程内容，提交政府批准，对教育机构进行管理，提供预备课程和高等专科学校的课程。行业协会和其他行会组织作为高等专科学校联邦考试和框架课程的授予机构，将考试和培训课程重点放在了劳动力市场，确保了新的培训要求能够得到迅速落实，避免了不符合市场需求的培训课程的出现。私立和公立教育机构提供联邦考试的预备课程和高等专科学校的学习课程。联邦政府、各州政府和行会组织共同努力，为瑞士提供了高质量的职业教育和培训。

瑞士高等职业教育是在中等职业教育和培训的基础上建立起来的，持有联邦中等职业教育文凭或类似的资格证书通常是进入高等职业教育领域的先决条件，同时拥有相关领域多年工作经验也是必要因素之一，这增强了职业教育和培训项目及职业教育体系的整体吸引力。高等职业教育课程为专业人员提供了应对具有挑战性的技术或管理活动所需的特定能力，并为劳动力市场输送高技能人才。高等职业教育课程由行会组织设计，将理论学习与职业相关实践技能培训相结合，因此更加符合劳动力市场的需求。高等职业教育和培训为职业教育毕业生提供了进一步实现专业发展和接受更高等级培训的机会，传统大学的毕业生通常也要参加联邦高等专业考试，以此作为进入就业市场的附加资格。

高等职业教育和培训是瑞士教育体系的一大特色，为学生提供了开展富有挑战性的专业活动所需的技能。瑞士高等职业教育课程非常灵活，学习者能够根据自己的生活环境、学习途径和就业情况较好地规划自己的学习进度。高等职业教育部门为学习者提供了获得高等教育的机会，而且没有任何年龄限制。高等职业教育和培训总共为学习者提供了大约 420 种联邦职业考试和联邦高等专业考试对应的资格证书，以及 8 个不同专业领域下的 55 个高等职业教育学位项目。被授予头衔的高等职业教育资格证书如"急诊医疗技术员联邦专业证书""手术室专家联邦文凭""旅游管理高等专科学校文凭"等。

三、高等职业教育的学习途径

高等职业教育使完成高中教育的学生能够拓展其知识的深度或广度，共有以下几个学习途径：高等专科学校，在《联邦职业教育法》监管下的联邦职业考试和联邦高等专业考试，以及不受该法监管的其他高等职业教育文凭考试。

2022年，在高等职业教育领域共颁发了29 196份文凭。联邦专业证书占其中将近一半的比例（15 629份），其次是高等专科学校文凭（10 359份）、联邦文凭（2 675份）和不受《联邦职业教育法》监管的其他高等职业教育文凭（533份）。

不同类型的培训受到高等职业教育文凭变化趋势的影响。自2000年至2022年，高等专科学校文凭的数量几乎增加了两倍，联邦专业证书增长了近75%，而联邦文凭则始终在相对较低的水平停滞不前。不受《联邦职业教育法》监管的其他高等职业教育文凭数量减少了近95%，其大幅下降是因为，自2005年以来，卫生领域中等专科学校的许多学习课程都获得了高等专科学校的联邦认可，这也在一定程度上解释了高等专科学校文凭大幅增长的原因（见图3.10）。

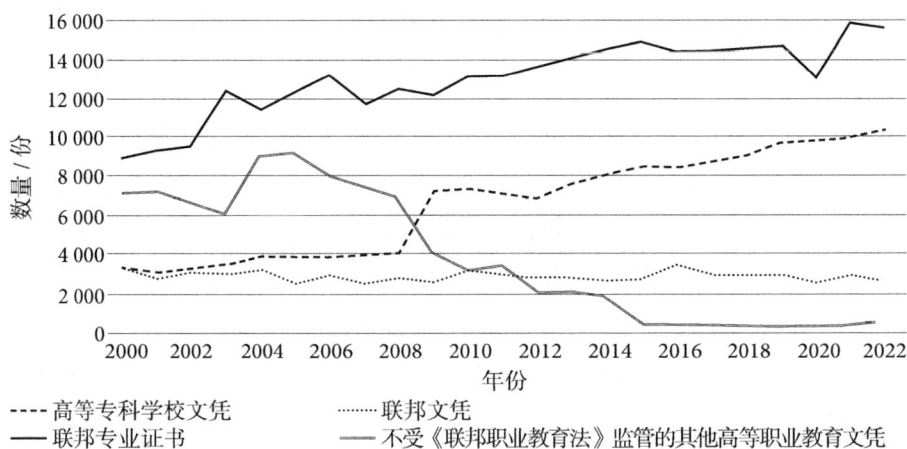

图3.10 2000—2022年不同培训类型下高等职业教育文凭随时间变化情况[1]

---

[1] 资料来源于瑞士联邦统计局网站。

四、高等专科学校

高等专科学校教授学生独立承担本领域专业和管理责任所需的技能。教育和培训方案更加注重实际，尤其注重培养学生的条理性和全面思考的能力，还为分析其职业领域的特定任务和对知识的实际应用提供了进一步的资格。

（一）教育和培训课程

高等专科学校在以下领域提供联邦认可的教育和培训课程：工程、酒店、餐饮、旅游和招待服务、经济学、农业和林业、医疗护理、社会关怀和成人教育与培训、艺术和交通运输。瑞士教育科研与创新国务秘书处负责认证教育和培训课程，州或私立教育机构负责提供教育和培训课程。

高等专科学校学位课程以高等专科学校与行会组织联合制定和发布的国家核心课程为基础，这些核心课程得到了瑞士教育科研与创新国务秘书处的批准。核心课程规定了职业概况、必须达到的能力、教育和培训领域、分配给每个领域的时间以及资格认证过程。例如，一个以"技术"为核心的课程大纲，可对应15门不同的专业课程，包括"建筑管理""信息技术""纺织品"等。培训通常在学生完成高中教育后的2—4年内进行，为学生的专业学习奠定基础。高等专科学校还提供文凭后课程，这些课程同样也得到了瑞士联邦的认可。

高等专科学校中学生选择最多的5门课程分别是注册护士、工商管理、社会工作、机械工程和企业流程管理，这5门课程授予的文凭几乎占了所有文凭的一半。

（二）入学条件和毕业要求

获得瑞士高中教育资格（普通文理高中会考文凭、专科高中会考文凭、联邦中等职业教育文凭）后，有意就读高等专科学校学位课程或继续教育和培训课程的学生需要证明其具有一定的专业经验，并进行能力倾向测试，测试的具体内容由高等专科学校确定。

课程既可以是全日制的，也可以是非全日制的，最低参与要求是具有联邦中等职业教育文凭和相关工作经验即可。全日制教育和培训课程至少需要 2 年时间（包含实习期在内），非全日制职业教育课程至少需要 3 年时间。每门全日制课程的 20% 的学时都是以实际工作经验为基础的。对于非全日制课程，相关领域的工作经验至少占课程的 50%。

教育和培训的提供者有各自的毕业条例。瑞士联邦经济事务、教育和研究部发布的《高等教育院校课程和文凭后课程认可最低要求条例》（EAER Ordinance on the Minimum Requirements for the Recognition of Study Programmes and Continuing Education and Training at Professional Education Institutions，MiR-PEI）规定了文凭的资格认证程序，资格认证过程至少包括一项实践任务以及口头或书面考试。顺利毕业的学生将获得联邦认可的高等专科学校文凭。

五、联邦专业证书和联邦文凭

（一）考试规定

早在 1933 年，瑞士第一部《联邦职业教育法》中就规定了联邦高等专业考试。在 1963 年对《联邦职业教育法》进行修订时，联邦专业证书也被纳入该法案。高等专科学校的所有课程均得到了联邦的认可，与之不同的是，联邦对联邦考试的认可仅与考试的实施和考试内容有关。行会组织通常负责提出需要创建新的联邦专业证书或联邦文凭的倡议，同时决定考试内容，即考试中要评估的技能，而联邦政府负责监督考试和批准考试条例。考试条例规定了考试的录取条件、职业简介、必须达到的技能、资格认证程序和受法律保护的相应头衔。相关行业协会每年或每两年组织一次考试，这些考试的预备课程既不是规定的，也不是强制性的，考生既可以通过自主学习的方式备考，也可以参加由公立或私立大学协会提供的预备课程，这些课程通常不受国家监管。然而，绝大多数人会参加相关的预备课程。考试内容和程序以考试规定为准。在每个行业中，联邦只批准每个特定领域的一个联邦专业证书和一个联邦文凭。

2022 年，瑞士教育科研与创新国务秘书处专业目录列出了大约 260 种联邦专业证书和 160 种联邦文凭。这些证书或文凭的课程是结合实际职业工作完成的，为期 2—4 个学期。

（二）近二十年来联邦专业证书与联邦文凭的发展趋势

联邦职业考试针对职业教育后学生的知识提升和初步专业化。通过考试的学生将获得联邦专业证书，这是参加更高级的联邦高等专业考试所需的资格。2022 年，共颁发了 15 629 份联邦专业证书。

自 2000 年至 2022 年，联邦专业证书数量总体增长了约 75%，其中获得文凭的女性人数的增长尤为明显，几乎是 2000 年的两倍。联邦专业证书在企业与行政管理领域对年轻人的吸引力最大，其次是批发与零售，人员与财产保护，金融、银行与保险，建筑与土木工程等领域。其中，前两个教育领域显示出几乎均等的性别分布，而在建筑与土木工程领域，男性明显占主导地位。图 3.11 所示为 2022 年瑞士按 ISCED 专业分类的联邦专业证书获得者数据。

2022 年，有 2 675 份联邦文凭在联邦高等专业考试后颁发，这种考试使专业人员能够在该行业获得专家资格，并为他们日后走上领导岗位管理企业奠定基础。获得联邦文凭最多的 5 个教育领域分别是会计与税务、批发与零售、传统医学与辅助医学及治疗、建筑与土木工程、作物与畜牧业生产，占所颁发联邦文凭的一半以上。性别在不同领域也有侧重，如女性主要在与医疗健康相关的领域占主导地位，而男性在建筑与土木工程、作物与畜牧业生产、电力能源等领域明显占主导地位（见图 3.12）。

（三）联邦专业证书与联邦文凭的比较

联邦职业考试通常授予那些至少完成了 3—4 年职业教育和培训项目并具备多年工作经验的人。联邦高等专业考试——传统上被称为工商业领域的硕士考试——比联邦职业考试要求更高，通常是通过联邦职业考试后

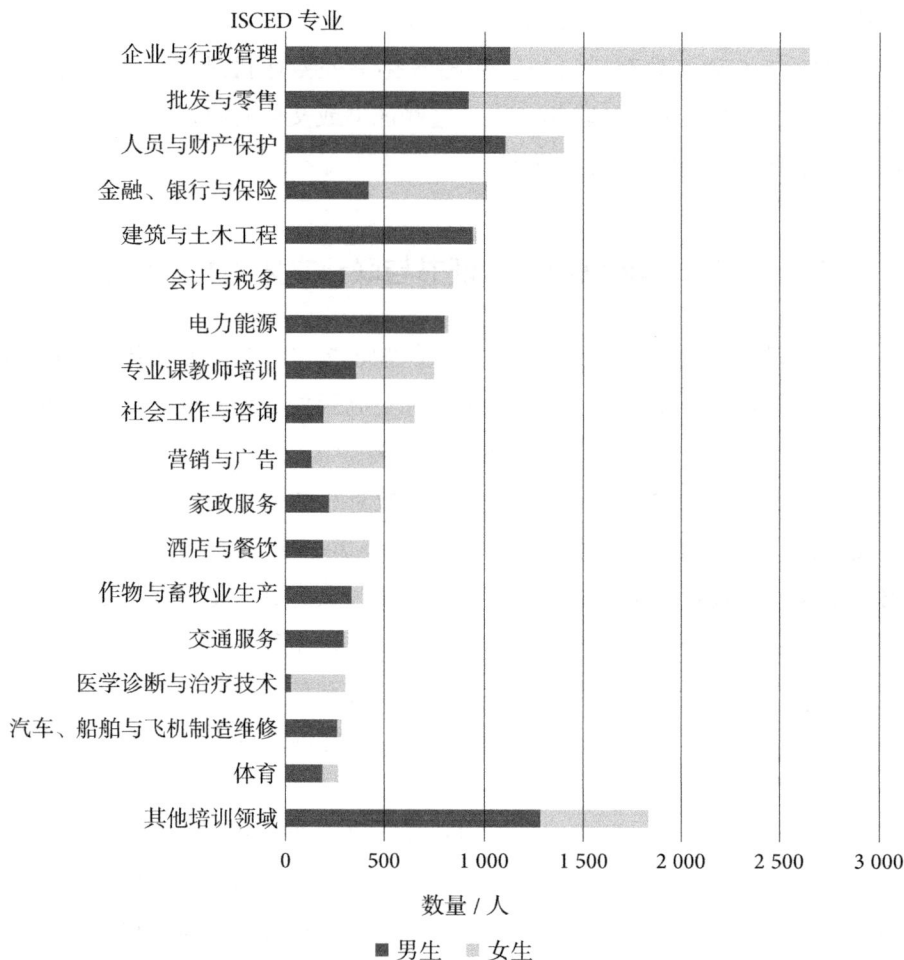

ISCED 专业

企业与行政管理	
批发与零售	
人员与财产保护	
金融、银行与保险	
建筑与土木工程	
会计与税务	
电力能源	
专业课教师培训	
社会工作与咨询	
营销与广告	
家政服务	
酒店与餐饮	
作物与畜牧业生产	
交通服务	
医学诊断与治疗技术	
汽车、船舶与飞机制造维修	
体育	
其他培训领域	

数量 / 人

■ 男生　▧ 女生

图 3.11　2022 年瑞士按 ISCED 专业分类获得联邦专业证书的学生数量①

才有资格参加联邦高等专业考试。因此，大多数参加联邦文凭考试的学生的最高学历是中等职业教育文凭，而参加联邦高等专业考试（获得联邦文凭）的学生通常已经拥有高等职业教育文凭，如高等专科学校文凭或其他的高等教育文凭。

在许多欧洲国家需要通过学术课程、继续教育或成人教育获得的文凭或资格证书，在瑞士可以通过高等职业教育和培训来获得。以审计员联邦文凭

---

① 资料来源于瑞士联邦统计局网站。

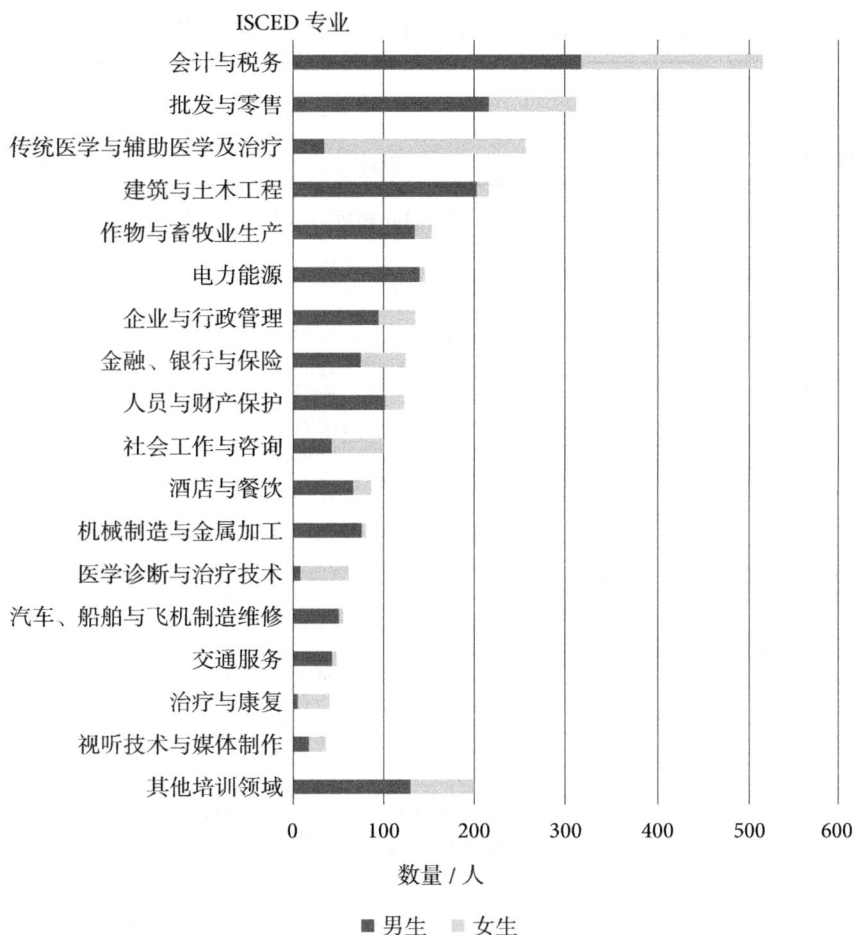

ISCED 专业

| 会计与税务 |
| 批发与零售 |
| 传统医学与辅助医学及治疗 |
| 建筑与土木工程 |
| 作物与畜牧业生产 |
| 电力能源 |
| 企业与行政管理 |
| 金融、银行与保险 |
| 人员与财产保护 |
| 社会工作与咨询 |
| 酒店与餐饮 |
| 机械制造与金属加工 |
| 医学诊断与治疗技术 |
| 汽车、船舶与飞机制造维修 |
| 交通服务 |
| 治疗与康复 |
| 视听技术与媒体制作 |
| 其他培训领域 |

0   100   200   300   400   500   600

数量 / 人

■ 男生　■ 女生

图 3.12　2022 年瑞士按 ISCED 专业分类获得联邦文凭的学生数量[1]

为例，这一文凭是"获得信托和审计部门管理职位不可或缺的先决条件"，获得该文凭的人通常已经完成了大学学位课程。他们可能在学徒期之后又接受了额外的课程培训，为的是在这一领域进一步发展自己的职业生涯，并在劳动力市场上获得一项广为人知、备受推崇的资格。表 3.3 以园艺管理、审计员和空中交通管制员三种职业为例，展示了三类文凭的比较。[2]

---

[1] 资料来源于瑞士联邦统计局网站。

[2] 资料来源于瑞士教育科研与创新国务秘书处发布的《2015 年瑞士国家资格框架与欧洲资格框架对接报告》。

表 3.3　高等职业教育和培训中三类文凭的比较

资格类型	联邦专业证书	联邦文凭	高等专科学校文凭
职业	园艺管理	审计员	空中交通管制员
所需时间	对于所需时间和范围没有规定	对于所需时间和范围没有规定	全日制培训 2.5 年，5 400 学时
入学要求	需要参加入学考试，考生应具备： • 农业领域联邦中等职业教育文凭，或农业和农舍管理联邦专业证书 • 在获得上述规定的资格后，至少有两年的农业经验 • 完成考试规定的学习模块的证明	需要参加入学考试，考生应具备： • 金融和会计、信托管理、银行或计算机科学方面的高等专科学校文凭，或学士 / 硕士学位；或者传统大学或应用科学大学授予的证书、文凭或博士学位；或者高等专科学校经济学联邦文凭；或者税务、信托管理、银行、会计和控制或计算机科学联邦文凭；或者同等的瑞士文凭；或者与相关的瑞士证书同等的外国文凭 • 必须通过所需的模块化考试 • 无犯罪记录 • 必须提供七年商业经验的证据，包括至少三年作为合格专家的经验，也就是说，在完成上述培训后，必须在专业领域经历四次主要考试	完成高中或商业 / 技术学徒，获得联邦中等职业教育文凭；年龄最好在 19—27 岁；通过工作能力倾向测试
职业概况	园艺管理者负责农业设施的运营规划和管理，以及提供高效的农业活动和服务；以经济的、符合高质量标准和环境兼容的方式规划和运营设施；计算所需的全部成本和盈利，选择合适的生产流程和方法，并组织工作；不断审查农作物的选择、质量、生产方法和盈利情况，开发销售渠道，并对农业政策和环境发展作出适当反应；评估地点，决定农作物轮作、种植方法、播种和收获日期，并制定作物保护战略；在规划作物选择时，考虑种植技术和机器技术，以及商业和市场需求	审计员检查企业是否正确编制了账目，并确保企业遵守了相关的法定要求；作为审计领域的管理者，审计员应识别外部和内部的机会和风险。 审计员可在审计和商业咨询公司、大型企业、企业集团和公共行政部门担任经理；可以担任独立顾问，管理提供审计或商业咨询服务的公司；还可以专注于以下客户群体或领域：信息技术、银行业、工业、公共管理和养老金	空中交通管制员负责控制和监控飞机的起飞和降落，以及空域内的交通；在紧急情况下，协助搜索和救援服务；向飞行员提供所需的有关安全飞行、准时和效率的所有信息；在不同的地点工作，例如在空中交通控制塔、靠近区域控制中心；为瑞士空军的军事空中交通管制活动提供支持，并在空战行动中为军事飞行员提供支持

获得更高级别资格	例如：农业联邦文凭、农业技术高等专科学校文凭、应用科学大学农业理学学士	例如：应用科学大学中的工商管理理学学士、金融咨询高级研究硕士、控制与咨询高级工商管理硕士	例如：航空科学学士

第四节　不同教育阶段在类别上的转换

　　瑞士教育体系成功的一个重要因素是学生可以在不同的教育途径之间灵活转换，也就是具有"渗透性"，这极大地促进了不同教育等级和教育类别之间的流动性。大约 94% 的瑞士年轻人在完成义务教育后都会以某种形式完成高中阶段的教育，他们可以在普通教育和职业教育中作选择，无论选择哪种教育，都有进入高等教育阶段的各类纵向和横向通道。瑞士拥有完善的传统大学体系和高等职业教育体系，近年来又引入了应用科学大学，这进一步强化了职业教育与普通教育之间的联系。

　　瑞士职业教育体系为中等职业教育文凭持有者提供了各种接受高等教育的途径。在瑞士，没有"死胡同"的教育途径。关于教育和培训的选择有明确的规定，每种资格认证程序都得到了国家认可，不同教育途径之间可以相互渗透连通。由于瑞士职业教育体系具有高渗透性，职业教育和培训项目是终身学习的坚实基础，并支持可持续的职业生涯。学习者如果符合所需的学术水平或实践技能水平，就可以灵活地从职业教育途径转向普通教育途径，反之亦然。

　　高中教育结束后，瑞士年轻人可以在不同类别的高等教育机构中自由选择，以充分发挥和拓展自身的综合能力。他们既可以通过普通文理高中毕业会考进入传统大学或师范大学深造，也可以通过专科高中会考进入应用科学大学或高等专科学校，还可以通过联邦职业高中会考获得进入应用科学大学或高等专科学校的资格。对于毕业生而言，传统大学的毕业生可以通过联邦职业考试或联邦高等专业考试进入职业教育领域获取更多实践性的资历，而职业教育类别下的高等教育毕业生也可以通过横向通道转读学术型学位。瑞士高等教育的高度灵活性和相互渗透性使瑞士的年轻人可以在不同教育途径之间灵活转换，这为他们提供了内容更广泛的深造机会，增强了他们未来职业选择的竞争力和综合实力。

接受高等教育需要具备高中学历，而进入大学教育还需要有高中会考文凭或同等学力。对于传统大学来说，申请者需要具有普通文理高中会考文凭；对于师范大学来说，申请者需要具有普通文理高中会考文凭或专科高中会考文凭；对于应用科学大学来说，申请者应具有联邦职业高中会考文凭和专科高中会考文凭（与学科领域的学徒制或职业领域相结合）。除此之外，还有其他方式确保学生可以在不同课程类型之间切换。其他入学类型通常需要额外的资格条件，例如进入传统大学需要拥有联邦职业高中会考文凭或专科高中会考文凭的申请者额外通过大学能力倾向测试，而获得普通文理高中会考文凭的申请者想进入应用科学大学通常需要一年的工作经验。

从本科生转入各类大学的比例[①]可以看出（见图3.13），超过90%的普通高中毕业生会在通过会考后马上（当年或一年后）开始大学的学业，而职业高中会考毕业生的相应比例只有不到70%。在那些获得了联邦中等

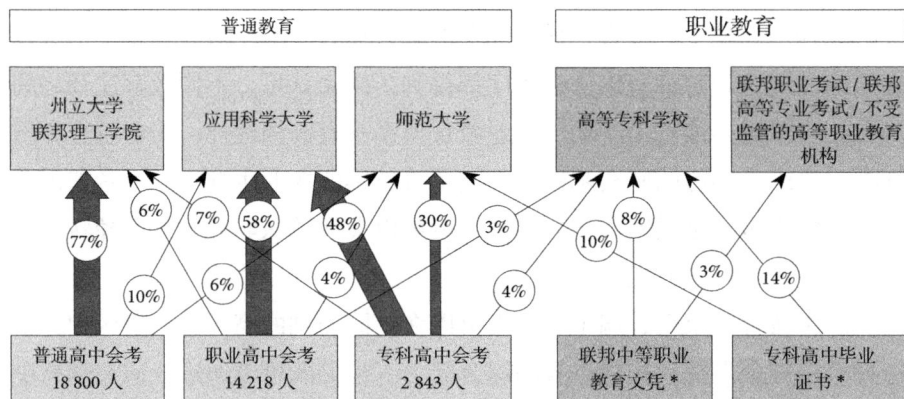

注：*表示拥有联邦中等职业教育文凭和专科高中毕业证书而没有会考文凭的学生。

图3.13　2018年瑞士高等教育机构入学情况

---

① 资料来源于《2023年瑞士教育报告》。

职业教育文凭但尚未参加联邦职业高中会考课程的学生中，只有11%的人在头两年内转入了高等职业教育课程。转入率如此低的原因在于，基于联邦考试的高等职业教育文凭通常只有在拥有几年的专业经验之后才有可能获得。

第四章
瑞士学徒制

瑞士的学徒制是"双元制"体制下一种重要的表现形式。绝大部分瑞士年轻人在初中毕业后会选择接受双元制职业教育，从那时起"学徒"便是他们的第一身份，而"职业学校的学生"只是他们的第二身份。瑞士学徒制是一种需求驱动的模式，学徒的数量和类型由市场本身决定。从学徒期第一天开始，学徒们就要开始承担责任，并逐渐独立完成工作流程。培训的具体内容主要是年轻人将来进入劳动力市场应掌握的职业技能，而未来的就业机会取决于经济发展与人员需求情况。

成熟的学徒制通常包含多种不同资格等级的课程，这些课程是国家经济特点和社会需求的反映，学习者所获得的资格包含在国家资格框架中。学徒制成功的关键在于学习者可以获得国家认可的资格，从而简化了他们从学校向劳动力市场的过渡，并为他们提供了接受进一步教育和继续教育的机会。

第一节　瑞士学徒制的起源与发展

一、瑞士学徒制的雏形

瑞士是如何建立这样一套独特的职业教育体系来满足年轻人的发展需求，并为雇主和瑞士经济的发展需求服务的呢？从历史的角度来看，瑞士职业教育体系目前的结构是从中世纪的行会制度继承下来的，并且这一制度从那时起就一直存在。这些结构深深植根于瑞士的文化和传统中，以至于其特征不可能在其他国家和地区被复制。从中世纪到 18 世纪，大多数欧洲国家都实行某种形式的职业培训，行会控制着行业的准入，熟练的师傅将他们的知识传授给学徒或获得准入资格的熟练工人。

到了 18 世纪末，随着资本主义的发展，行会成为工业化的目标而不是其支持结构，因为行会限制了工人进入某一职业的自由，并且经常被视为保守而非创新的力量。行会阻碍了当时在竞争中蓬勃发展的自由市场经济所带来的增长，被视为封建主义遗留下来的过时机构，还是现代工会和雇主协会的基础，其在中世纪欧洲的存在并不能解释瑞士职业教育体系的成功。[1] 今天瑞士职业教育体系成功的原因主要基于 20 世纪以来，在特定社会文化背景下所采取的路径和作出的决定。

二、瑞士学徒制产生的社会文化背景

瑞士本国有几个特征，特别是人口的异质性、中立性和基层民主，为 20 世纪其职业教育和培训制度的发展奠定了基础。瑞士是一个面积较小的国家，位于欧洲大陆的中心区域，除了水之外的其他自然资源较少。瑞士没有出海通道，各国的商人、旅行者和商品均需穿过山脉，从一个市场转移到另一个市场，因此瑞士既是外国人的停靠地，也是前来

---

[1] Ogilvie，Sheilagh C. Institutions and European Trade：Merchant Guilds，1000–1800. Cambridge：Cambridge University Press，2011.

并决定留下来的移民和难民的家园。在《创新的国度：瑞士制造的成功基因》一书中，作者 R.詹姆斯·布雷丁指出"最杰出的企业家根本不是瑞士人"，其中一些企业家是作为贫困移民来到瑞士的。[①] 他指出，创立瑞士雀巢公司的亨利·雀巢（Henri Nestlé）其实是一名德国政治难民，成立世界著名综合性电工企业之一的瑞士勃朗—鲍威利有限公司（Brown Boveri Corporation，BBC）的查尔斯·勃朗（Charles Brown）来自英国，著名瑞士钟表品牌斯沃琪（Swatch）的创始人尼古拉斯·海耶克（Nicolas Hayek）是黎巴嫩人，等等。由于国内市场很小，于是瑞士不得不将其商品销往国外。几个世纪以来，瑞士必须适应多种文化和语言，进而创造了一个在商业方面有效的熔炉。正如布雷丁所指出的，当瑞士企业和国外企业合并时，瑞士企业家比大多数其他国家的企业家更能在其企业中成功地融入不同的企业文化，并因此享有盛誉。

三、瑞士学徒制的衰退与复苏

第二次世界大战期间，瑞士在四面楚歌的情形下宣布成为永久中立国，在当时既避免了战争的破坏，又在其他国家的市场因冲突而中断时充当起了商品和服务的供应商。依靠其玲珑的外交政策，瑞士将战争的损失降到最低，在一定程度上保存了本国的工业基础。在中央政府发挥最小作用的前提下，瑞士人选择了最大程度的个人自由，并积极参与自我治理。布雷丁指出，由于所有男人都在服役，军官和士兵都一起接受训练，军队也是一支民主化力量，律师或医生可能会发现自己在向水管工汇报。也许正是这种均衡趋势，导致一些观察家得出结论：瑞士人长期以来一直欣赏辛勤工作，并重视那些受过职业培训的人的专业精神，就像他们钦佩商界领袖和企业家一样。

19 世纪末，瑞士的学徒制陷入了严重危机。1883 年瑞士联邦政府发起的一项关于瑞士职业状况的调查显示，随着来自国际企业的压力越来越

---

① Breiding, James R. 2013. Swiss Made: The Untold Story Behind Switzerland's Success. London: Profile Books.

大，瑞士的一些职业正在走下坡路。由此，工艺质量和职业教育从个人事务逐渐演变为一项国家事务。然而，此时政府的法律权力非常有限。1884年，瑞士颁布一项法令，在不影响各州政府和行会组织权力的前提下，联邦政府对职业培训发放补贴。行会组织接管了各自领域的培训和继续教育的组织工作，还重新引入了职业培训和产品质量控制所需的培训规定。各州负责学校的教育，州政府将基础教育确定为义务教育，并在 19 世纪发展起来的技术、职业和艺术学校的建立中发挥了重要作用，还出台了一系列州法律来保护学徒免受不安全工作条件的影响，为培训质量提供保障。

四、瑞士现代学徒制的形成

　　第一部关于职业教育和培训的联邦法律于 1930 年颁布，其在很大程度上借鉴了已有的州立法，以保护学徒、确保学徒培训质量，并规定了工业、酒店和餐饮业、商业和手工业职业课程的培训时间，以及对职业学生和工匠大师的评估。这也是瑞士第一部响应 20 世纪初妇女运动，并向妇女开放职业培训的职业教育法。然而，1930 年的法律并没有立即导致瑞士职业教育入学人数的大幅增加。1935 年，只有约 40% 的男性毕业生和 20% 的女性毕业生在义务教育结束后进入职业教育。20 世纪 50 年代，瑞士经历了一个经济持续增长的阶段，直到 20 世纪 90 年代初，瑞士经历了严重的经济衰退，这也是瑞士职业教育和培训的关键转折点。由于瑞士法郎坚挺，而欧洲经济增长放缓，瑞士经济受到影响，失业率升至 5% 以上，为瑞士历史上最高水平，赤字也有所增加。瑞士企业在 20 世纪 90 年代中期开始重组，其上升势头一直延续到今天，并且仅受到 2008 年国际金融危机和 2020 年新冠疫情的轻微影响。

　　第二部关于职业教育和培训的法律于 20 世纪 60 年代制定，在法律层面正式确认并巩固了职业教育的重要地位。该法律规定，职业教育不仅应该帮助年轻人做好职业准备，还应该为年轻人提供包括普通教育在内的更全面的教育，并使学徒具备未来成为企业家和管理者的能力。在这一法律的影响下，职业教育部门迅速扩张，学徒人数逐渐增长至接近 19 万人。

　　1978 年出台的第三部联邦职业教育和培训法律为改善职业教育体系

带来了一些额外的创新。第三个学习场所——独立于学校和企业的第三方"培训中心"被引入，学徒可以在车间外的环境中学习实用技能、了解职业定位，以减轻雇主的基础培训负担。此后，瑞士开启了企业、职业学校、培训中心三方共同参与的学徒制培训模式，这种职教模式也称为"三元制"。"三元制"中的培训中心是瑞士职业教育的特色之处，主要从事对学徒基础知识的培训。此外，职业教育教师和培训师必须参加特定的预备课程，这是职业教育体系专业化的重要一步。

虽然20世纪初瑞士职业教育的发展与欧洲各地的教育和培训并不脱节，但从20世纪60年代开始，瑞士作出了一系列没有参照其他国家政策的决定。在20世纪后期的几十年里，随着其他国家不断扩大高中普通教育和高等教育，瑞士也走上了自己的道路。瑞士在20世纪90年代经历了严重的经济衰退，虽然在90年代末得以复苏，但仍出现了大量裁员，失业率从几乎为零上升到略高于5%，这个数字对于其他国家来说可能是乐观的，但对瑞士这样几乎充分就业的国家而言是严重的，瑞士自20世纪30年代以来从未达到过的如此高的失业率。瑞士在这一时期作出的决定塑造了当今瑞士的职业教育体系：没有在20世纪90年代扩大学术项目，而是加强了职业教育和培训的通识教育部分，并规划和启动了联邦职业高中会考和应用科学大学。这些决策反映了瑞士联邦政府对推动瑞士经济发展所需劳动力类型的了解，高技能的、受过专业培训的技术人员将从职业教育体系中脱颖而出，并继续在应用科学大学中磨炼出更高的应用技能。他们将与少数从传统大学毕业的研究人员、企业家和发明家合作，形成一种合作和创新的文化。

2004年修订的《联邦职业教育法》中明确提出，职业教育应处于国家经济战略的优先发展地位。按照瑞士法律规定，联邦、州和行会组织是现代学徒制的治理主体，政府、企业、行会组织、职业学校的多方合作和紧密联系是瑞士职业教育发展的保障。同时，瑞士的职业生涯指导机制从初中开始就关注学生的职业兴趣和未来就业选择，指导更加个性化，帮助学生探索职业可能性，这一系统专业的职业指导和咨询体系引导了现代学徒制的合理有序发展。

第二节　瑞士学徒培训及相关政策

一、学徒培训的参与和指导

在瑞士，获得学徒期的基础是完成义务教育，但实际上可能会有适用于特定职业的特殊情况，例如要求特定的毕业证书、最低平均绩点或学生事先找到学徒企业。在这种情况下，对学生的职业生涯指导已经在义务教育阶段进行。学生可以从中了解到职业教育体系提供的多种机会和职业选择路径，以及通过在职业教育和培训项目中持续地学习和培训，实现与培训企业之间的良好匹配。

虽然年轻人根据个人兴趣在企业中竞争学徒职位，但企业实际提供的学徒职位反映了其对当下和未来的人力资本需求。于是，学徒市场形成了一个自我监管的市场，与经济和劳动力市场的需求高度契合。私营部门参与职业教育和培训是瑞士青年失业率较低的关键因素之一。瑞士教育的首要目标是确保 95% 的年轻人拥有高中学历，即在初中义务教育后应获得职业教育资格证书或普通教育资格证书。只有真正实现教育体系的包容性、灵活性和渗透性，才能实现这一目标。

（一）职业生涯指导

职业生涯指导是瑞士职业教育发展的特色之一，针对学生在教育和职业生涯的各个转折点，如初中教育阶段，注重帮助学生探索职业的可能性。各州政府通常负责职业指导和岗位信息的收集工作，通过与学校密切合作，为学生提供寻找合适学徒职位的工具。为了促进这一过程，各州都有学徒职位列表（List of Apprenticeship Positions，LENA），学生可以按照职业进行搜索。州职业指导办公室是拥有大量专业职业指导顾问及相关工作人员的信息点。各州政府和私立组织也会为学生提供职业选择方面的指导，州政府提供免费辅导，而私立组织则会收取一定的咨询费。学生可以在义务教育期间或之后接受职业指导和进行职业咨询，并制定职业选择的方案，发现个人的职业兴趣、偏好和技能，优化对企业的学徒申请。州职业指导办公室还负责通知初中 8 年级和 9 年级的教师，让他们参与到学生的职业选择中，提供课堂辅导或安排课程，以便为学生提供帮助。学生们甚至可以向学校请假，参加自己所选择的企业提供的短期"在职体验"（通常 1—5 天），或者参加由州职业指导办公室组织的职业活动。

此外，瑞士职业培训、学习和职业咨询服务中心（Swiss Service Centre for Vocational Training，Study and Career Counselling，SDBB）汇集了来自所有地区信息中心的信息，并运营了一个有关该主题的综合网站。各州均设立这一机构，负责职业教育和培训的实施工作。行会组织和企业同样在年轻人的职业选择中发挥着积极的作用，它们通过制作宣传手册、发传单、制作视频、利用网站和其他媒体等方式对其将要提供的学徒职位进行宣传，最大程度提高其职业形象，以吸引年轻人的注意。此外，瑞士每年都会为年轻人、教师和家长举办招聘会，参观招聘会通常是学校游览活动的一部分。

（二）学徒申请过程

瑞士年轻人一旦决定参加职业教育和培训项目，就不得不在学徒市场上参与竞争，因为能否申请到学徒职位通常由提供职位的企业和寻求职位的年轻人共同决定。类似于常规的工作申请，需要先向提供学徒职位的企业提交求职申请，提供个人简历、求职信和相应的学校证明。学徒职位通常在学徒期开始前一年左右开始申请。学徒期随着职业学校的学期一同开始，一般在每年 8 月份。在学徒申请过程中，申请者需要展示求职动机，以满足目标企业的要求。企业对申请者进行筛选，并邀请他们参加面试。

一旦企业选定了学徒，学徒就会收到一份学徒合同。学徒合同是国家标准化的定期合同，里面规定了雇佣条款和相应的学徒工资。企业随后会通知州政府学徒合同签订事宜，并根据合同中规定的详细信息将学徒送到相关的职业学校。学徒合同必须得到州职业教育和培训办公室（Cantonal VET Offices）的批准，该办公室将会通知职业学校在下一年即将入学的新学徒名单。随后，职业学校根据学徒所学的职业将他们分配到相应班级。

政府在整个过程中起着协调的作用，为接收学徒的企业尽可能地提供优越的条件，鼓励企业提供更多学徒职位，并帮助年轻人进行职业选择。

（三）学徒与学徒职位的匹配度

学徒与学徒职位的匹配至关重要，错误的匹配对所有相关方来说都是代价高昂的。学徒企业的宣传推广和政府组织提供的职业指导是防止潜在学徒与企业提供的岗位不匹配的重要举措。如果年轻人找不到恰当的职业，可以参加过渡课程、职业教育和培训案例管理计划（VET Case Management）、学徒前培训和其他个人辅导等活动。当然，所有这些过渡性措施也适用于那些未能成功获得学徒合同的年轻人，无论是由于语言困难、对学业成绩的错误期望，还是由于其他阻碍他们成为学徒的情况。

此外，瑞士教育科研与创新国务秘书处还发起了一项名为"Match-Prof"的项目，该项目旨在减少空缺的学徒职位数量，有助于解决企业员工短缺的问题。政府可以资助认知水平较高且具有实践潜力或学习存在困难的年轻人加入职业教育和培训的个别项目。

二、学徒培训的相关政策

职业教育是帮助年轻人步入劳动力市场的强劲驱动力，因此瑞士出台多项举措，鼓励年轻人不论自身能力、社会背景或国籍如何，都应尽可能地融入职业教育和培训计划中。为了应对学生的多样性并满足劳动力市场的需求，瑞士职业教育提供了高度多样化的培训课程，针对极有天分的、有学习困难的或有残疾的年轻人均制定了相应的具体措施。

（一）职业教育和培训的多样性

瑞士联邦政府支持将瑞士年轻人纳入职业教育和培训计划中的具体项目。事实证明，职业教育和培训对各类人才来说都是一个有效的选择，瑞士约有250个不同的职业教育和培训项目，体现了职业教育和培训项目覆盖的广泛性和全面性，为各种人才提供了多样化的选择。其中一些课程要求非常高，更适合那些具有应用实践技能的学术型人才。学徒制对于有天分的学习者更有吸引力，因为学习路径清晰明确，并且与高等教育途径有密切的联系。学习者可以选择在 3 年或 4 年的职业教育和培训后通过联邦职业高中会考，之后如果能进一步通过大学能力倾向测试，便能够在应用科学大学或其他任何一所高等教育院校中继续深造。

此外，对于在义务教育和高中教育之间过渡有困难的学生，例如初中毕业后无法进入职业教育和培训项目的学生，或者有学习困难和有残疾的学生，同样有多种措施为他们提供支持和帮助。支持举措的总体目标是为年轻人参与职业教育和培训计划做好准备，从而使他们能够顺利融入劳动力市场。

（二）加强联邦职业高中会考

联邦职业高中会考对于整个瑞士教育体系的渗透性至关重要，它为学生提供通识教育课程，以补充职业教育和培训项目中没有涉及的内容，并为学生直接升入应用科学大学提供条件。学徒在学徒期间（职业高中会考类型Ⅰ）或学徒期之后（职业高中会考类型Ⅱ）可以通过预备课程来获得联邦职业高中会考文凭。对于年轻学徒来说，两种类型的职业高中会考都很有吸引力，但是这两种类型对学徒要求很高，而且很费时，一些企业希望学徒们在学徒期间尽可能多地参与工作，因此更多的学徒会选择第二类会考，即在学徒期结束之后再参加职业高中会考课程。然而，参加职业高中会考的总比例仍处于中等水平，且各州之间存在很大差异。

公私合作伙伴在 2014 年发起了一项加强联邦职业高中会考的倡议，①特别提出在职业高中会考类型Ⅰ的设计方面实现更大的灵活性。同时，他们一致同意加强各州之间职业高中会考的信息和沟通。这两项改进措施都增强了职业教育和培训对有天赋的学习者的吸引力，进而促进了瑞士职业教育的卓越发展。公共和私人利益相关者都为这两项措施的实施作出了

---

① 资料来源于瑞士联邦政府网站。

贡献，企业的参与至关重要。从中长期来看，企业从选择职业高中会考与职业教育课程并行的学徒那里可以获得更多的利润，因为这些学徒不仅是坚定的学习者，而且是有弹性和高绩效的员工。因此，这类企业或许比公共部门能更好地激励同行企业支持学徒在学徒期间选择职业高中会考。

（三）职业教育和培训案例管理计划

如果一些学生在参加职业教育和培训项目时表现出学习困难，他们可以额外接受个人辅导，企业、职业学校、第三方培训中心和社会工作者共同为学生提供帮助。然而，有时候一些弱势群体可能会存在各种各样的问题，他们往往需要更多支持才有机会参加职业教育和培训项目。为了解决这一问题，联邦政府在 2008 年至 2015 年资助了州一级的职业教育和培训案例管理计划的开发和实施。自 2016 年以来，各州为该计划的实施提供担保。[1] 该计划的实施有助于确保 25 岁以下的年轻人有机会完成职业教育和培训项目。案例管理是一个结构化的过程，用于协调所有相关人员和机构，包括指导顾问、教学主管、地区就业中心、移民办公室、福利办公室和州立残疾人办公室的相关活动，最大限度地提高所采取措施的效率和效力，以满足年轻人的个人需求。

（四）将成年人群体纳入职业教育和培训

依据《联邦职业教育法》，成年人可以通过多种途径获得职业教育资格证书，途径范围从某些职业类别的规范、结构化程序到验证过程中的个人认证程序。成为学徒没有年龄限制。如果企业和潜在学徒达成一致，成年人便可以开始他们的学徒生涯，且可以获得的正式资格与那些青年学徒完成培训后获得的资格是完全相同的。

---

① 资料来源于瑞士职业教育和培训、研究和生涯指导服务中心网站。

自 2014 年以来，将成年人群体纳入职业教育和培训的范畴已成为公私合作伙伴的主要关注点，并为此采取了多项行动：从 2015 年到 2017 年，为了解决员工短缺的问题，瑞士教育科研与创新国务秘书处牵头了一项名为"成年人职业教育学历与职业转变"的项目，作为相应国家举措的一部分。[①]该项目确定了一些措施，以便为成年人的学历提升、资格验证以及特定技能学习找到解决方案。自项目启动以来，25 岁以上人员获得职业教育学历的数量有所增加。此外，2018 年和 2019 年职业教育和培训推广活动中的特定沟通措施也是有关成年人融入职业教育和培训计划的。

第三节　瑞士学徒培训课程开发与供需匹配

一、瑞士学徒培训课程的设计和开发

（一）职业教育资格证书的开发

瑞士职业教育资格证书是在公私合作框架内制定的：行会组织确定内容，联邦政府和州政府确保相关框架条件。对于每个职业教育和培训项目，教育科研与创新国务秘书处都会颁布对应的《职业教育和培训条例》，因此职业教育和培训资格证书及文凭都得到了联邦政府的认可。职业教育培训课程由职业发展和质量委员会制定，构成了职业教育和培训的教学理念、职业培训结构以及所有三个学习场所学徒能力评估的基础。

瑞士每个职业教育和培训项目的法律依据都可以在瑞士教育科研与创新国务秘书处颁布的国家《职业教育和培训条例》中找到。这些条例是在联邦政府、各州政府和相应行会组织的共同努力下制定的。

---

① 资料来源于瑞士教育科研与创新国务秘书处网站。

（二）职业发展和质量委员会

职业教育培训课程构成了职业教育和培训项目中职业教育教学理念的基础，用于构建课程本身并指导职业教育教师和培训师的工作，定义了职业教育教学基础、资格证书概况、专业能力、课程的批准和生效。

对于每项《职业教育和培训条例》，都有相对应的职业发展和质量委员会，该委员会要么是专门为特定职业创建的，要么是职业领域的常设小组。每个质量委员会由代表职业教育和培训的三个主要合作伙伴（联邦政府、州政府和行会组织）的成员组成，其作用是根据当前劳动力市场的需求调整特定职业教育和培训项目的课程。如有必要，由行会组织会向教育科研与创新国务秘书处提交申请，对《职业教育和培训条例》进行修改。

（三）"以能力为导向"的课程模型

瑞士的职业教育培训课程的特点是采用以"学习成果"和"能力"为导向的培训内容和结构。在瑞士，通常采用两种以能力为导向的职业模型来构建职业教育和培训的课程和资格："能力导向"模型（Competence-oriented Model）和"能力－资源"模型（Competences-and-resources Model）。这两个模型决定了职业学校教师和企业学徒培训师在职业教育和培训项目中如何描述和构建专业能力。

通过这两种模型，职业教育和培训项目描述了学习者需要获得的具体能力，这些具体能力以能力领域（技术能力、方法能力、个人能力和社交能力）和能力－资源领域（知识、技能和态度）的形式进行描述。这两种模型决定了如何在培训计划中描述学习者应具备的专业能力。

（四）企业内部培训计划及学校课程设计

企业学徒培训师的任务是根据《职业教育和培训条例》、职业教育培训课程和企业特定的学徒培训计划中规定的目标来培训学徒。学徒培训计划用于描述指定期限内学徒在企业的指定单位或部门要执行的任务，确保了学徒在学徒期间接受规定活动的培训，还确保了其获得必要的实践经验和技能。企业特定的学徒培训计划有助于培训师掌握全年的培训概况，并提前规划学徒要执行的任务。

职业学校负责向学习者教授职业科目，以及"语言、沟通和社会技能"科目。学校课程设计也是依据《职业教育和培训条例》、特定职业对应的职业教育培训课程以及通识教育大纲制定的。

二、学徒市场供需匹配

学徒制是一个需求驱动的体系，所以技能评估和技能预测在学徒制中发挥着核心作用，以确保体系的活力，并确保完成学徒制学习的学徒在劳动力市场上具有吸引力。社会合作伙伴在监测劳动力市场发展以确保供需匹配方面发挥着关键作用。对供需发展情况的监测还得到了有关跨地区和部门的学徒职位数量、不同职业和地区向劳动力市场的过渡路径等方面数据的支持。

在瑞士，学徒在与企业签订学徒合同后，就正式进入了学徒市场，学徒合同便是他们的入场券。国家发挥调节的作用，确保良好的框架条件，如提供职业指导咨询；私营部门积极参与中等和高等职业教育和培训项目的开发；行会组织通过评估和预测劳动力市场的技能需求，为这些项目中的供需匹配作出重大贡献。

这些活动得到了职业教育和培训项目供需匹配监测以及定期收集和发布的其他统计数据的支持。

（一）技能评估和预测

学徒市场包括供应方（提供学徒职位的企业）和需求方（寻找学徒职位的年轻人）。国家发挥调节作用，确保企业尽可能提供最佳的条件，鼓励企业提供学徒职位，并帮助年轻人选择适合的企业。影响学徒市场供给和需求的因素有很多，供给方面包括结构性变化、经济波动和学徒企业比例（即愿意并有能力培训学徒的企业比例，2017 年约为 40%）。据统计，

2019 年瑞士的中小企业（即员工少于 250 人的企业）约有 60 万家，占瑞士企业总数的 99.7% 以上，创造了瑞士三分之二的就业机会，[①] 这些中小企业是瑞士经济的重要支柱。对于中小企业来说，提供学徒职位、培养熟练的技术人才是对社会的责任，也是企业的荣誉。在向学徒传授知识和技能的过程中，中小企业通过较低的工资获得了廉价劳动力，而学徒也用自己的劳动换取了提升技术和能力的机会。在需求方面，人口变化和年轻人的兴趣对学徒市场也会产生影响，如图 4.1 所示。[②]

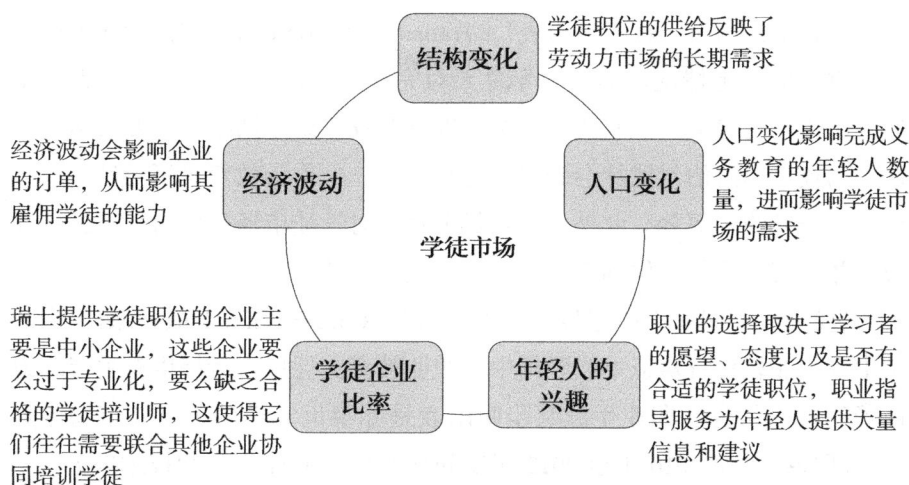

图 4.1 瑞士学徒市场的影响因素

由于行会组织对瑞士经济发展过程和特定部门的需求有直接的了解且具备一定的专业知识，因此由其负责对市场机制进行评估。如果出现了技能需求，行会组织会立即作出反应。技能需求分析是在开发新的资格证书之前进行的，瑞士的几家咨询公司专门在此过程中为行会组织提供支持。

对现有资格证书的修订过程也是如此。这一过程由行会组织驱动，一旦发现资格证书的技能需求与相关的职业教育和培训项目之间存在差异，行会组织便立即联系教育科研与创新国务秘书处着手进行修订。

----

① 资料来源于瑞士政府网站。

② 资料来源于瑞士教育科研与创新国务秘书处网站。

（二）学徒市场的供需匹配调查

对职业教育和培训项目供需匹配的分析得到了整个教育体系，尤其是针对"两次过渡"的研究支持。第一次过渡发生在义务教育和第一次进入劳动力市场之间，瑞士年轻人面临申请学徒职位或遵循普通教育途径的选择；第二次过渡是学习者完成学徒期，并以雇员身份进入劳动力市场或继续接受高等教育的时期。对过渡期的研究有助于发现现有制度是否缺乏连贯性，并寻找劳动力市场变化的指标。

过渡 I：通过"转型晴雨表"（Transition Barometer）监控学徒市场需求和供给的匹配情况。通常每年夏天对完成义务教育的 14—16 岁青少年进行访谈，同时也对一些代表性企业进行调查，研究结果每年发布两次。这一调查工具由伯尔尼社会研究协会开发设立，作为教育科研与创新国务秘书处任务的一部分。此外，各州每个月也对学徒市场的供需情况进行调查，并在其"学徒职位列表"中公布空缺的学徒职位。

过渡 II："职业生涯起步晴雨表"（VET Career Entry Barometer）为联邦中等职业教育资格证书或联邦中等职业教育文凭持有者提供有关劳动力市场发展的信息。职业生涯起步晴雨表是苏黎世大学瑞士就业市场监测的一部分，是在 2010 年至 2012 年期间代表联邦职业教育和技术办公室[①]（Federal Office for Professional Education and Technology，OPET）与联邦经济事务总局合作开发的，根据供求指标来监测职业教育和培训毕业生的就业发展情况。供应方分析侧重于职业教育和培训毕业生作为一个群体的规模和组成，而需求方分析则着眼于媒体和互联网上毕业生的招聘信息数量和性质，从而揭示当前的就业市场状况和招聘信息数量的波动，为职业教育资格证书或职业教育文凭持有者提供有关劳动力市场发展的信息。最新研究报告显示，约有 66% 的职业教育文凭持有者毕业后立即进入职场，其中五分之二的毕业生仍受雇于做学徒时所在的企业；大约 20% 的毕业

[①] 直到 2013 年底之前，联邦职业教育和技术办公室一直是负责中等和高等职业教育和培训的部长级办公室。2014 年 1 月 1 日起，联邦职业教育和技术办公室与国家教育和研究秘书处合并成立了瑞士教育科研与创新国务秘书处。

生继续接受高等教育，只有大约 9% 的毕业生在毕业后一年内仍没有工作或正在寻找工作。

三、学徒制培训的有效性

瑞士基于企业的职业教育和培训比普通教育更容易受到外部因素的影响。学徒制的有效性以及培训的类型和质量，不仅取决于学习者的意愿和需求，也取决于企业在培训过程中作出的决定，而后者反过来又受到经济结构变化和经济状况的影响，也受到从其他类型教育中获得所需技能机会的影响。同时，接受培训的年轻人和培训企业之间也相互影响，因此职业教育的发展方式比普通教育更容易受到供求关系的影响，企业将职业教育和培训视为向未来员工提供所需技能的有效方式。而从学习者的角度来看，评估职业教育和培训的有效性主要包括：第一，对学徒培训的满意度，以及对职业自我实现的满意度；第二，这类培训能否成功完成；第三，职业教育和培训在未来职业和专业发展方面是否为劳动力市场提供了良好前景。无论从企业角度还是个人角度来看，这些都是评估整体有效性的重要方面。

（一）学徒培训满意度较高

瑞士学生比其他国家的同龄人更早地对自己的教育作出影响深远的决定，他们在义务教育结束后选择学徒制的同时也选择了未来的职业领域，将近 95% 的瑞士年轻人对自己的选择表示满意，其中超过 70% 的年轻人表示非常满意。寻求学徒职位的瑞士年轻人通常需要经历许多阶段才能最终获得学徒合同，包括可能考虑一个或多个想要的职业，从职业学校的顾问那里接受职业建议，或参加职业博览会等。找到学徒职位的人中大约有四分之三的人认为这是他们想要的学徒类型，有不到 10% 的人最终选择了目标意向之外的职业完成学徒生涯，而其余的人则会提前进入普通高中接受教育。

（二）先验知识的主要差异

学徒培训对申请人的要求与其先前在学校获得的知识紧密相关，申请人不仅是为了获得学徒培训资格，也是为了成功完成学徒培训。如果培训企业总是能够把学徒安排在符合其预期的职业中，那么不管他们以前在学校的表现如何，几乎所有的学徒都将在其学徒生涯中取得成功。因此，学徒期取得的任何成功上的差异只能用培训期间的行为来解释，而无法根据学校成绩的差异来预测。然而，现实并非如此。例如，可获得的职位范围的地区差异、职业培训和普通教育之间的竞争，或者年轻人对个别职业的偏好差异等因素，都有可能导致企业在某些情况下只能接收学业成绩不理想的年轻人。例如，在接受具有相同要求特征的学徒培训时，一些学生往往会选择对数学要求较低的职业，以弥补其平均较低的数学技能。

（三）学徒具有高度的职业流动性

学徒期结束后，学徒的流动给企业和个人都会带来一定的影响。首先，它影响了企业的培训决策，如培训效率和成本，同时它也显示了学徒所获得的技能在多大程度上可以在其他企业甚至其他职业中使用。瑞士的多项调查显示，学徒期结束后，学徒实际上具有高度的流动性，例如大约三分之二受雇于培训企业的学徒会在一年内离开，这一比例在大型企业较低，而在小型企业较高。大多数学徒都会留在同一个行业工作，虽然有时会跳槽，但跳槽到其他行业的情况较少。根据职业教育和培训的目标，学徒通过培训企业获得的专业技能可以很容易地应用于另一家企业的工作中。

学徒在企业之间具有高度的流动性这一事实符合瑞士职业教育和培训的目标，甚至有人认为学徒的职业流动性低是职业教育体系缺乏适应经济和技术变化能力的体现。研究表明，大约一半完成职业教育和培训的学习者在职业生涯中至少换过一次专业领域，而高等教育毕业生的这一比例仅为39%。[1] 因此，对于那些接受过职业教育和培训的人来说，转行的可能

---

① Eymann, A. & Schweri, J. Qualifikations-Mismatch – Folgen für Erwerbspersonen mit beruflichem und akademischem Abschluss. Berufsbildung in Wissenschaft und Praxis，2016（5）：46–49.

性较大，也不会带来任何经济上的消极影响。约 80% 的受访者表示，他们具备转换新职业所需的技能。除了非正规的继续教育外，越来越多的接受过职业教育和培训的学习者正在获得正规的高等教育资格，这表明流动性也适用于教育体系本身。

第四节　瑞士学徒制的推广和宣传

　　基于学徒制的职业教育体系是由市场需求驱动的，这意味着在特定职业、地区或经济衰退时期供需匹配可能存在挑战。为了确保供需匹配，政府、社会合作伙伴和职业学校采取了许多宣传和推广学徒制的有效措施，包括为潜在学徒及其父母和企业组织了诸多关于学徒制优势介绍的专门活动，或者通过多种形式鼓励企业招收学徒。

一、公私合作伙伴共同的责任

　　对瑞士职业教育和培训的推广是瑞士联邦政府、州政府和行会组织共同的责任。一般来说，对瑞士学徒制的宣传和推广由州政府负责。熟悉所在地区情况的州职业教育和培训办公室负责与当地企业保持联系，评估学徒职位的数量，并向年轻人提供学徒职位方面的个人支持。因此，各州最重要的学徒制宣传措施是提供有关职业选择的信息和建议，以及聘请直接与企业打交道的职业教育推广代理，鼓励并支持企业提供更多学徒职位。

二、学徒制带来的社会影响

　　职业教育和培训在瑞士民众心目中的形象相当正面，因为大多数民众就是从做学徒开启职业生涯的。职业教育资格证书提高了学徒在瑞士劳动力市场的就业前景，并为其终身学习奠定了坚实的基础。瑞士职业教育和培训项目已完全融入瑞士教育体系，始终遵循多渠道、全方位、高渗透性的原则。因此，在瑞士有三分之二的年轻人在完成义务教育后选择参加中等职业教育和培训项目，近95%的瑞士年轻人拥有高中学历，这为瑞士整体带来了较高的学历和就业率水平。同时，职业教育资格证书对大中小企业都有着较强的吸引力，在劳动力市场中很受欢迎。

三、瑞士职业教育和培训的官方宣传活动

整个瑞士职业教育体系的官方形象宣传活动被称为"VETPLUS.CH"，由联邦政府、州政府和行会组织三方共同支持，由瑞士教育科研与创新国务秘书处负责运营。这一宣传活动于2007年启动，目的是向瑞士民众宣传瑞士双元制职业教育体系的优势，以满足年轻一代及其父母对职业教育信息的需求。一些父母在最初为子女选择职业的过程中可能并没有充分意识到职业教育和培训能够带来多样化的就业机会，但通过这一宣传活动，他们可以了解到完成中等职业教育和培训的年轻人其实更有可能获得成功的职业生涯。

活动的宣传理念是"通往目标的职业之路"，强调瑞士职业教育和培训绝不会导致持有资格证书者没有出路，而是有助于其职业生涯的开始。年轻人通过中等职业教育和培训可以获得良好的成长机会，不仅可以选择高等职业教育和培训领域，还可以在多种高等教育机构中进行选择。该活动重点针对两代人：以"为职业道路感到自豪"为口号，让家长了解职业教育和培训的优势；以"走自己的路"为口号，鼓励年轻人选择适合自己兴趣、愿望和能力的职业。

简而言之，这一活动展示了瑞士职业教育和培训的优势及其与青年、经济和社会的相关性。该活动还与其他职业教育宣传活动和项目相关，例如"成人职业教育学历与职业转变""瑞士技能大赛（Swiss-Skills）"等。

四、职业教育和培训资格的推广

除了官方宣传活动外，其他一些职业教育参与者也在通过不同的活动

进行学徒制的宣传。不同的行会组织通过宣传职业的积极方面来吸引年轻人在其领域或分支机构开启学徒生涯，有关工作环境和条件方面的翔实可靠的信息对于有兴趣开始学徒生涯的年轻人来说非常重要。这些组织会尽可能多地回答有关职业的各种问题，向年轻人展示职业的可能性、工作环境、现实的工作生活，以及需要承担的责任和义务等。

五、技能大赛展风采

除了上述关于学徒制的宣传推广活动之外，参与技能大赛同样有助于提升瑞士职业教育和培训在国内外的积极形象，并强化特定职业的正面宣传。在国家和国际层面，拥有职业教育资格证书的瑞士年轻人展现出了他们卓越的专业品质。瑞士技能基金会（Swiss-Skills Foundation）为国家级技能大赛——瑞士技能大赛提供支持，为年轻人提供了一个发现自身优势和潜力的机会，也为他们提供了相互竞争展示的平台。

（一）瑞士技能大赛

瑞士技能大赛由行会组织负责组织安排。通常学徒在学徒期的最后一年才有资格参加这一比赛，不同行会组织的选择标准各不相同。每年，代表大约 60 个职业的众多行会组织都会选派年轻的专业选手参加瑞士技能大赛。大赛提倡自主性、耐力、创造力和开拓性。年轻的专业技能人才有机会在大赛中展示自己的能力，而行会组织则通过大赛来选拔代表瑞士参加欧洲技能大赛（EuroSkills）和世界技能大赛（WorldSkills）的选手。

瑞士技能大赛向公众开放，通过让瑞士年轻人、家长等民众了解各种职业，来促进下一代年轻的专业人士招募。个人比赛在培训中心、企业现场和活动场地举行。2014 年，首届由联邦政府组织的瑞士技能大赛在伯尔尼举行。自 2018 年开始，每两年举办一届。瑞士教育科研与创新国务秘书处为该赛事提供比赛资金。

（二）欧洲技能大赛

欧洲技能大赛是覆盖整个欧洲的青年职业技能竞赛，该赛事致力于肯定欧洲 45 种职业当中年龄不超过 25 岁且富有才华的技能型专业人士的杰出成就，由来自欧洲各地的年轻选手参与，在欧洲各个城市轮流举办，为欧洲青年提供了展示才华的平台。这一赛事每两年举办一届。在 2021 年欧洲技能大赛中，有大约 450 名参赛选手在工业、手工业和服务行业的各个职业类别中展开竞争。

（三）世界技能大赛

世界技能大赛已有 70 余年历史。第二次世界大战后，在技能人才短缺的困境和欧洲各国对技能人才的渴求中，世界技能大赛于 1950 年应运而生。该赛事由世界技能组织举办，被誉为"世界技能奥林匹克"，是全球地位最高、规模最大、影响力最大的职业技能竞赛。至今，世界技能组织已有 87 个成员。世界技能大赛至今已成功举办 45 届，目前每两年举办一届。在国家或地区比赛中脱颖而出且年龄在 22 岁以下的瑞士年轻人，经选拔后可在世界技能大赛上参与国际水平的竞争。自 1950 年第 1 届世界技能大赛在西班牙举行以来，瑞士一直参加世界技能大赛。在 2017 年阿布扎比世界技能大赛上，瑞士代表团获得了 20 枚奖牌，位居奖牌榜第二。在 2019 年喀山举办的世界技能大赛上，瑞士代表团获得了 16 枚奖牌，位列奖牌榜第三。

第五章
瑞士职业教育治理机制

瑞士的职业教育治理机制可以简要概括为"一个使命、三个伙伴"。瑞士联邦政府、各州政府和行会组织三方有着非常明确的职责分工，相互协作，共同致力于实现瑞士职业教育高质量发展这一共同的愿景。瑞士通过完善的职业教育法律法规体系，明确了联邦、州、行业和企业在职业教育体系中的责权利，为职业教育营造了良好的发展环境。本章将从瑞士职业教育的法律框架、治理和监管机构、资金来源和成本效益、质量保障体系几方面系统阐释瑞士职业教育治理机制。

第一节　瑞士职业教育的法律框架

瑞士联邦政府于 2002 年 12 月 13 日颁布了《联邦职业教育法》，并于 2003 年 11 月 19 日颁布了《职业教育和培训条例》，[①] 这两项法律构成了瑞士职业教育和培训制度的国家法律框架。根据《联邦职业教育法》，每个州

---

① 资料来源于瑞士联邦法律网站。

都发布了自己的关于职业教育和培训的州立法。

一、《联邦职业教育法》

瑞士职业教育法制建设体现了立法时间早、操作性强和不断完善的特点。1930 年，瑞士联邦政府颁布了第一项职业教育和培训方面的法律——《职业培训法》，但这项法律仅涉及工业、酒店和餐饮业、商业、手工业领域。1963 年，瑞士联邦政府正式颁布《职业教育法》，该法律最大的变化是对继续教育的支持。之后，为顺应国家工业、经济和社会发展，瑞士于1978 年和 2002 年先后修订并颁布了新的《联邦职业教育法》，此项法律一直沿用至今。

《联邦职业教育法》的执行交由各州负责，因此，每个州都制定且发布了各自的职业教育和培训立法。州立法通常不影响《联邦职业教育法》覆盖的范围，其目的是有效执行现有的国家法律。有些州颁布了自己的法律，而有些州则通过条例、法令和一些规章制度来引入并执行国家法律。

二、《职业教育和培训条例》

通过与瑞士教育科研与创新国务秘书处合作，行会组织负责确定中等职业教育培训内容和培训课程，以及高等职业教育联邦考试的国家资格认证程序。学徒通过期中考试和期末考试从职业学校获得成绩，同时从企业中获得实践学习的成绩。高中阶段的资格认证程序标志着学徒期的结束。

依据《联邦职业教育法》，教育科研与创新国务秘书处为每个职业教育和培训项目都颁布了《职业教育和培训条例》，该条例应行会组织的要求发布，或者在必要时根据各州或瑞士教育科研与创新国务秘书处的倡议发布。新的《职业教育和培训条例》主要涵盖以下方面：相应职业教育和培训课程的大纲和学制；培训目标和培训要求；职业健康、安全法规与环境保护；课程内容的范围，以及职业教育课程和培训内容在学习环境中的分布；职业教育和培训课程；职业教育师资的最低标准；每家企业的学徒人数上限；学习文档；学习日志和绩效文件；资格审查程序；资格和头衔；质量开发和组织以及最终规定。职业教育和培训项目可为学习者带来政府认可的正规资格。

《联邦职业教育法》和《职业教育和培训条例》为高中阶段的中等职业教育和培训、高等教育阶段的高等职业教育和培训，以及与工作相关的继续教育和培训提供了标准，为瑞士职业教育体系提供了坚实的法律基础，促进了职业教育领域个人技能和专业的发展，并帮助学习者更好地融入职场。同时，还有助于提升企业的竞争力，并努力为学习者在不同类型和水平的教育与培训以及不同领域之间的转换提供平等的机会和选择。由此可以看出，瑞士关于职业教育的立法渗透、包容、连接了职业教育体系内的所有领域。

三、学徒合同

学徒合同是学徒和培训企业之间的标准化协议，仅以书面形式有效。每个学徒都需要签订一份学徒合同，而企业需要通过职业教育和培训资格认证才能招收学徒。学徒合同的特殊之处在于，学徒所做工作的主要报酬是接受企业提供的专业化的职业教育和培训。《联邦职业教育法》中规定了学徒合同的具体内容，包括学徒培训的持续时间、学徒工资、工作时间和假期等。

提供学徒职位的企业必须通过法定的认证程序，各州职业教育和培训办公室负责相关认证工作。首先由企业提交认证申请，要求在某一特定职业中提供学徒职位。各州职业教育和培训办公室对申请进行审查，并派一名检查员对企业进行实地检查。企业的职业教育培训师必须持有相应的联邦职业教育文凭或经过认证的类似证书，并参加过针对培训师的培训课程（40 课时）。由检查员检查企业中负责职业教育和培训的专业人员是否具有培训师资质，具体要求在《职业教育和培训条例》中均有清晰的描述。

此外，申请企业还需要证明其基础设施足以提供学徒培训，并且培训场所适合学徒实践内容的培训。检查员实地检查确认后，企业即可获得指定职业的职业教育和培训资格，同时该企业可以在州"学徒职位列表"上公布其学徒职位，以便招收学徒。

四、《就业法》

《就业法》（Employment Act，EmpA）是为劳动者提供保护的重要法律，对学徒也有一定约束力。《就业法》规定了对未成年人和成年人职业健康和工作时间的保护，规定了工作场所的限制要求以及工作的最低年龄。

第二节　瑞士职业教育和培训的治理和监管机构

根据瑞士《联邦职业教育法》规定，瑞士职业教育和培训由瑞士联邦政府、各州政府和行会组织三方共同负责（见图 5.1）。这三方有着非常明确的责任分工，这种利益相关者之间的合作被称为瑞士职业教育的公私合作伙伴（Public-Private Partnership，PPP）关系，三方的决策活动依赖于达成的共识和彼此之间的合作，三方共同致力于在瑞士职业教育体系内达到尽可能高的质量标准。

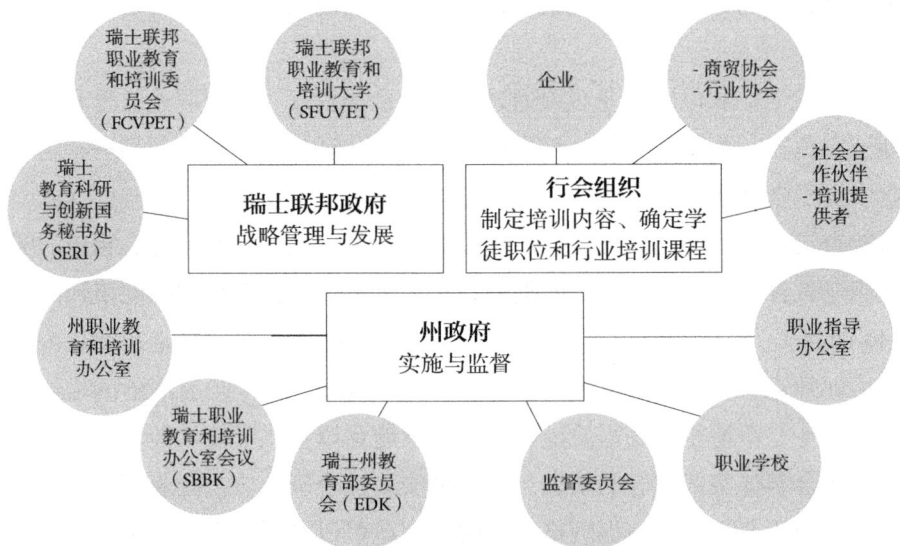

图5.1　瑞士职业教育和培训的监管机构三方关系

一、联邦政府

在瑞士职业教育体系中，联邦政府由两个政府机构——教育科研与创新国务秘书处和瑞士联邦职业教育和培训大学（Swiss Federal University for Vocational Education and Training，SFUVET）共同发挥作用。联邦经济事务、教育和研究部下属的教育科研与创新国务秘书处是国家层面最接近教育部功能的行政机构，是联邦政府负责教育、研究和创新政策方面的国家和国际事务的专门机构，负责监管和资助中等和高等职业教育部门。瑞士联邦职业教育和培训大学也是联邦经济事务、教育和研究部的下属机构，为在中等和高等职业教育部门工作的教师、培训师、教员和考官提供基础和持续性的培训，同时还参与研究、试点项目和提供服务。

联邦政府负责整个职业教育体系的战略管理和发展，包括：提供质量保证并进一步开发瑞士职业教育和培训系统，确保瑞士各地课程的可比性和透明度；颁布约 250 项《职业教育和培训条例》；批准了约 420 项联邦考试规定，并为高等职业教育机构提供 50 项核心教学大纲；认可联邦职业高中会考的预备课程并组织考试；认可高等职业教育机构的非正规继续教育培训课程；认可中等职业教育和高等职业教育部门的教师、培训师、教员和考官的培训课程，以及职业生涯和教育指导顾问培训课程；认可外国学历；提供可覆盖四分之一职业教育和培训公共成本的资金支持；支持促进创新和符合公众利益的具体活动。

二、州政府

各州政府负责职业教育和培训的实施与监督。州政府下设瑞士州教育部委员会及职业教育和培训办公室（共 26 个）。瑞士没有联邦教育部，每个州都有各自的教育部长，他们一起组成瑞士州教育部委员会，负责协调各州政府之间针对教育政策的讨论与决策，对瑞士职业教育起到实施与监督的作用，同时巩固并加强国家层面的州际合作。各州职业教育和培训办公室是州一级职业教育体系的执行机构，通过瑞士职业教育和培训办公室会议（Swiss Conference of VET Offices，SBBK）协调其活动，该会议是瑞士州教育部委员会的专门会议。

州政府具体负责瑞士《联邦职业教育法》的实施；监督学徒制、职业学校及高等职业教育和培训机构；为瑞士的年轻人和成年人提供职业、教育和职业生涯指导服务；为瑞士年轻人创造参与职业教育和培训的机会；向招收学徒的企业颁发许可证；对培训员进行实习培训；开办职业学校，在职业教育和培训期间提供课堂教学，并提供联邦职业高中会考的预备课程。

三、行会组织

行会组织是职业教育体系中非政府组织的总称，包含行业协会、分支机构或赞助商、社会合作伙伴、培训机构及私立的中等或高等职业教育和培训企业。每个分支机构包含一个或多个行业协会或行业组织。大多数情况下，行会组织负责在其分支机构中开发新的培训机会，如确定培训内容、开发新的职业、开发新的课程或行业课程、职业培训的组织与实施、提供学徒职位、对职业教育和培训项目进行更新、管理职业培训资金等。企业在可能的情况下提供学徒和培训岗位，旨在培养下一代合格的员工。

四、公私合作伙伴关系

代表瑞士职业教育的公私合作伙伴关系——联邦政府、各州政府和行会组织之间的关系，在以下三个层面有所体现：指导、学习环境和执行。

在指导层面，三方遵循共识原则。公私合作伙伴关系以联邦职业教育委员会和其他与职业教育议题相关的委员会为代表，负责监督《职业教育和培训条例》的制定和颁布、条款的执行以及职业教育和培训试点项目研究的批准。此外，还负责指导有关考官课程、考试专家课程以及议会外委员会组成的决策和指导。

在学习环境层面和执行层面，公私合作伙伴关系涉及非正规学习的认证、职业学校不同职业教育课程的认证、资格认证程序的实施、职业学校课程和行业课程的参与、为职业教育专业人员争取平等，以及三个学习场所（企业、职业学校和培训中心）之间的合作。

公私合作伙伴定期召开年度或周期性会议，这些会议包括全国中等职业教育和高等职业教育高级别会议、职业教育三方会议、秋季会议（秋季为所有职业教育利益相关者举办的网络活动），以及十分重要的经验交流会议，重点讨论瑞士职业教育的特定议题。

第三节　瑞士职业教育和培训的资金来源和成本效益

一、瑞士职业教育和培训的资金来源

瑞士联邦政府、各州政府和行会组织为瑞士职业教育和培训共同提供资金支持。各州政府为瑞士中等职业教育和培训项目提供至少四分之三的公共资金，行会组织为行业课程提供资金支持。由于短期培训和中期培训的收益超过了成本，所以由培训企业负责承担学徒培训的费用以及学徒培训师和学徒的工资。高等职业教育和与工作相关的继续教育培训课程的大部分费用由企业和个人承担。但自 2018 年以来，联邦政府开始更多地参与资助高等职业教育和培训。

（一）职业教育和培训的公共资金

瑞士职业教育体系的公共资金由联邦政府和各州政府共同分担。职业教育和培训中，职业学校教师、学徒培训师和行业课程讲师等专业人员的培训费用由公共资金资助。同样，资格认证程序所需资金与培训项目的入学准备工作所需资金也由公共资金资助。

2021 年，瑞士职业教育体系的公共支出约为 35 亿瑞士法郎。[①] 各州

---

① 资料来源于瑞士教育科研与创新国务秘书处网站。

政府承担了大部分用于实施的支出，其中约73%的州预算分配给职业学校，12%分配给高等职业教育，7%分配给职业教育和培训预备课程（见图5.2）。联邦政府向瑞士职业教育体系贡献了公共资金总额的四分之一。联邦政府将10%的联邦资金专门用于职业培训，以促进职业教育和培训发展项目及为公共利益服务的具体活动。

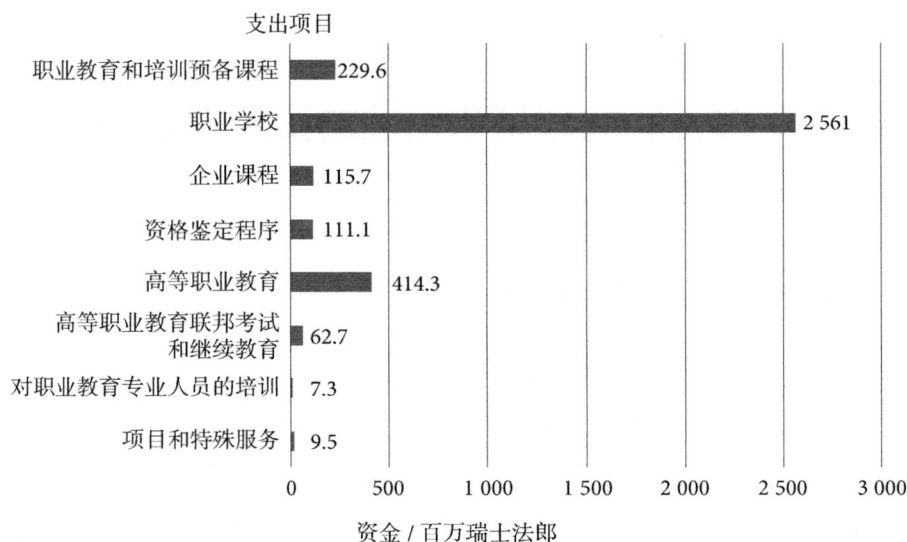

支出项目

项目	资金/百万瑞士法郎
职业教育和培训预备课程	229.6
职业学校	2 561
企业课程	115.7
资格鉴定程序	111.1
高等职业教育	414.3
高等职业教育联邦考试和继续教育	62.7
对职业教育专业人员的培训	7.3
项目和特殊服务	9.5

资金 / 百万瑞士法郎

图5.2　2021年瑞士职业教育体系公共资金配额

（二）职业教育和培训的私人资金

行会组织为瑞士职业教育体系提供资金和服务，从事基础工作，经营自己的培训中心，并开发和推广职业教育领域特定的职业。而企业通过设立学徒职位来为职业教育体系贡献资金，承担学徒培训的费用（包括行业课程费用）、学徒培训师和学徒的工资。

那些在学徒期结束时产生净成本（即成本超过学徒的生产产出）的企业，大多数能够在短时间内收回投资，因为通过雇佣其培训过的学徒作为企业员工，可以避免从外部劳动力市场招聘员工时付出的更加高昂的成本。

（三）学徒工资

参加双元制职业教育和学校本位职业教育和培训项目的学生，不仅可以免费参加所有的培训，每月还能从所在企业领取学徒工资。每个学徒期的相关条款都会在学徒合同中明确规定，企业还为学徒提供了工作空间以及工作任务所需的材料。学徒工资因职业教育和培训项目的不同而有所差异，且会随着学徒期的持续而逐渐增长。瑞士法律中没有规定最低工资标准，学徒工资的具体数额取决于分支机构的建议。当然，企业没有被强制要求遵守这些建议。学徒工资也因企业所在地域的不同而存在差异，而且不同企业的薪酬政策总体上也有较大区别。

（四）职业培训基金

依据《联邦职业教育法》的规定，联邦委员会可以应行业要求宣布工作领域组织的职业培训基金对行业具有普遍约束力，这要求行业内的所有企业都有义务为职业教育和培训贡献相应的职业培训基金，该基金用于支付中等职业教育和高等职业教育部门内的活动成本，如开发培训项目、组织课程和资格认证程序、特定职业的宣传推广等。

（五）中等职业教育和培训的资金来源

中等职业教育和培训由公共资金和私人资金共同资助。公共资金来自联邦政府、各州政府和城镇，私人资金来自企业和行会组织。一般来说，学徒企业将从参与职业教育和培训项目中受益。根据2016年进行的成本效益研究，[①]瑞士全国的企业参与学徒培训的总成本达50亿瑞士法郎，而学徒产出的生产效益达56亿瑞士法郎，学徒的培训成本被生产效益所抵

---

① Gehret A., Aepli M., Kuhn A., Schweri J. Is it worthwhile for employers to take on apprentices? Results of the fourth cost-benefit study. Zollikofen: Swiss Federal Institute for Vocational Education and Training（SFIVET），2019.

消，净收益为 6 亿瑞士法郎（见图 5.3）。即使在经济困难和动荡的时期，瑞士企业参与职业教育和培训项目也能取得回报。

资金项目

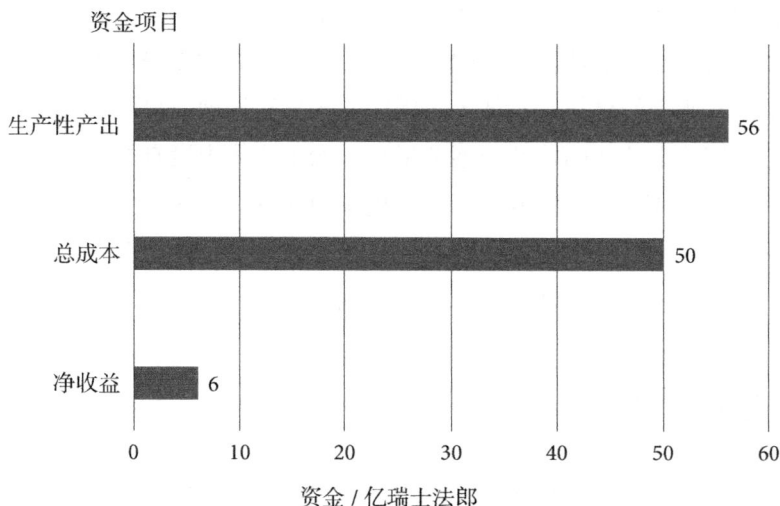

图 5.3 瑞士职业教育学徒企业的成本和效益

（六）高等职业教育和培训的资金来源

与中等职业教育和培训不同，高等职业教育和培训更多依赖学生和雇主的资助，尤其是高等职业教育联邦考试和相应的预备课程大多由私营部门支付费用。当然，公共部门也提供了大量资金。2020 年，瑞士高等职业教育和与工作相关的继续教育的公共支出约为 5.73 亿瑞士法郎。

大多数学生参加预备课程是为了准备高等职业教育联邦考试，尽管这些课程不受国家监管，但联邦政府仍提供了 50% 的课程费用补贴，这些补贴是直接支付给学生的。联邦考试总费用的 60%—80% 由联邦政府支付，2020 年这一数字约为 3 500 万瑞士法郎。

瑞士高等职业教育和培训机构学习项目的公共资金由各州提供。各州向高等职业教育和培训机构一次性支付所有学生的学费，最高可达每个学习项目平均费用的 50%。对普通公众尤其重要的项目（如健康），各州拨款可能高达平均费用的 90%，剩下的费用从学生学费中支付。

二、企业参与学徒培训的效益

一般来说，参与提供学徒培训的中小企业和跨国企业不会从联邦政府或各州获得财政奖励，但是可以从公共部门提供良好保证的基础设施和资金中获益。此外，还有许多其他激励因素促使企业投资学徒培训，例如在为自己培养潜在的合格员工的同时还能获得经济净收益。

提供学徒培训的企业大多是中小企业和跨国企业这类以市场为导向的企业。私营部门为职业教育和培训贡献了大量资金。企业负责承担学徒及其培训师的工资，因为学徒培训可以为企业带来经济上的收益，而且盈利显著。瑞士研究人员在多项研究中分析了企业参与学徒培训的主要益处，研究表明，瑞士企业参与学徒培训的最重要的激励因素之一是其成本效益比（cost-benefit-ratio）。[1] 一家企业是否从事学徒培训，在很大程度上取决于这种投资与其他获得熟练员工的替代方案相比的成本效益比。在一个运行良好的学徒培训系统中，很大一部分培训企业可以在培训期结束时收回其用于培训的投资。由于培训企业往往能成功留住适合本企业的学徒，因此提供学徒制是一种吸引技术工人的策略。

（1）获得明显收益：瑞士企业的成本效益计算显示，过去十年来，在典型的瑞士学徒企业，每个学徒的生产额所带来的收益超过学徒培训成本6 000瑞士法郎以上。成本效益比与每个职业教育和培训项目密切相关。

（2）强化形象：使企业客户意识到该企业重视其社会责任。

（3）了解最新趋势：年轻人往往会带来新思想，挑战旧习惯。

（4）对未来的投资：训练有素的员工能够迅速适应新的发展，是企业成功的决定性因素之一。从事学徒培训有助于企业储备合格的员工，从而防止某些特定部门出现技能人才短缺问题。

三、学徒的成本和效益

对于不同行业的学徒，成本计算方式是不同的。企业学徒职位的总

---

[1] Schweri, J. Cost-Benefit Analysis and Tools - the Swiss experience. Swiss Federal Institute for Vocational Education and Training（SFIVET），2014.

成本大约在每年 20 000—30 000 瑞士法郎，而学徒的平均生产绩效介于 18 000—36 000 瑞士法郎。学徒工资是企业总成本的一部分，瑞士学徒在学徒期第一年的收入约为正常工资的 12%。

然而，学徒工资会随着其在企业培训时间的增加而逐渐增长。Strupler 和 Wolter（2012）[①] 在 2009 年进行了一项关于瑞士学徒工资的研究，以一个学徒参加为期三年的工业绘画培训项目为例：第一年，学徒的年薪为 8 768 瑞士法郎；第二年，其年薪升至 11 566 瑞士法郎；到了第三年，学徒将获得 18 534 瑞士法郎的年薪。学徒在三年学徒期内总共将获得 38 868 瑞士法郎的收入。这项研究较好地说明了瑞士大多数职业教育和培训项目中学徒工资的情况，三年工资的浮动范围相当大，在 30 000—68 000 瑞士法郎。

另一项研究 [②] 发现，净收益随着学徒培训项目的持续时间而变化（见图 5.4）。通常 3 年制职业教育和培训项目的培训要求或复杂程度均低于 4 年制培训项目，可获得最大的净收益。而 2 年制学徒培训通常面向具有实践才能但可能学习上存在一定困难的学习者，企业对这些学习者的要求较低，因而也可以从学徒培训中获得较大净收益。

四、成本效益分析工具

企业本身可以在一定程度上影响培训的成本效益比，但这一比例中同样重要甚至影响更大的一部分是由公共政策决定的，如教育体系、培训法规和劳动力市场机构等。因此，瑞士的研究结果仅可以解释瑞士的职业教育发展状况，不太适用于瑞士以外的其他国家。然而，瑞士联邦职业教育和培训学院（Swiss Federal Institute for Vocational Education and Training，

---

① Strupler，M. Wolter，S.，C. Dual-track VET：a success story – also for host companies. Results of the third cost-benefit analysis of apprenticeship training from the firm's perspective. Rüegger Verlag（Zürich und Chur），2012.

② Fuhrer M. Schweri J. Two-year apprenticeships for young people with learning difficulties：a cost-benefit analysis for training firms. Empirical Research in Vocational Education and Training，2010，2（2）：107–125.

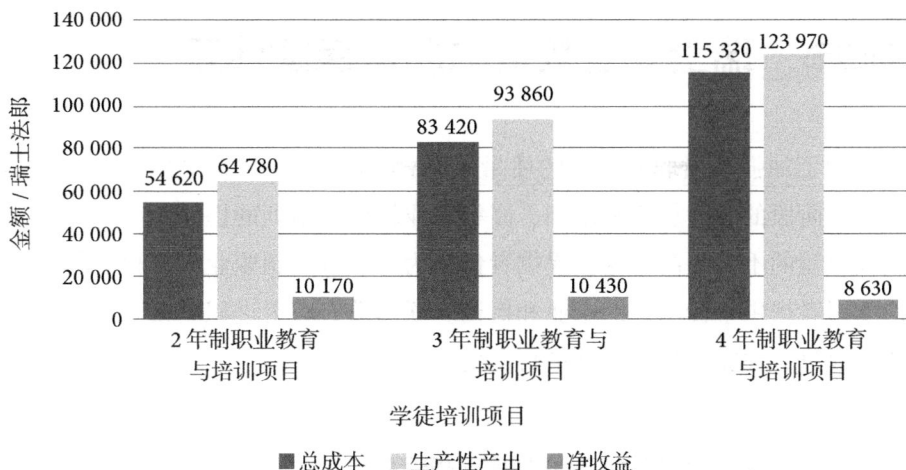

图5.4 2016 年按培训持续时间划分的成本和收益 [1]

SFIVET) [2] 的研究人员 Schweri（2014）开发了一种成本效益分析（Cost-Benefit Analysis，CBA）的工具 [3]，可以通过"事前模拟"手段，分析尚未引入学徒培训制度的国家的教育体制。CBA 工具旨在收集数据，并实时模拟职业教育课程变化的效果。

除此之外，成本效益分析还证明，那些获得瑞士高等职业教育文凭的学生资格以及高等普通教育资格的教育回报率也都显示出对个人的积极净收益。然而，接受高等职业教育的个人净收益超过了接受高等普通教育的净收益，说明对于那些从高中阶段开始接受职业教育，后来继续接受高等职业教育并获得职业资格的学生来说，职业教育发展路径具有巨大的优势。

---

① Gehret A., Aepli M., Kuhn A., Schweri J. Is it worthwhile for employers to take on apprentices? Results of the fourth cost-benefit study. Zollikofen: Swiss Federal Institute for Vocational Education and Training（SFIVET），2019.

② 2021 年，瑞士联邦职业教育和培训学院（SFIVET）转型为瑞士联邦职业教育和培训大学（SFUVET）。

③ Schweri, J. Cost-Benefit Analysis and Tools - the Swiss experience. Swiss Federal Institute for Vocational Education and Training（SFIVET），2014.

第四节　瑞士职业教育的质量保障体系

为了加强瑞士职业教育的质量控制，《联邦职业教育法》在第 8 条提出高中阶段的职业教育和培训、高等职业教育和培训的提供者有责任确保培训质量的不断提高，这类提供者包括为参加双元制职业教育和培训项目的学习者提供学徒培训的企业和机构。联邦政府应促进职业教育和培训的质量改进，建立质量标准并进行定期监督。

一、瑞士职业教育体系的质量保障

（一）职业教育质量保障的法律基础

质量保障在瑞士职业教育体系中具有高度的优先地位，由瑞士联邦政府、各州政府和行会组织在各级开展。《联邦职业教育法》和《职业教育和培训条例》构成了维护瑞士职业教育体系质量的法律基础，各级政府和各教育领域都对质量保障予以高度重视。联邦政府负责制定质量标准并行使监督的权力，职业教育和培训的提供者负责维护质量。对职业教育师资的继续教育是为了保持和提高教育质量而作出的法定要求。联邦政府还负责提高可持续专业发展的质量，各州政府监督职业教育和培训各个等级的质量水平，其中包括职业学校教育质量、专业实践、在个人工作的组织之外的课程，以及其他第三方场所学习的质量。无论教育水平和领域如何，联邦委员会都为资格认证过程的质量提供保证。教育科研与创新国务秘书处针对相关职业制定的每项《职业教育和培训条例》都提到了"瑞士职业发展和质量委员会"，该委员会根据三方伙伴关系协议组成，主要负责审查有关经济、技术、生态和教学发展方面的教育条例和培训计划。

教育科研与创新国务秘书处发布的《职业教育和培训条例》包含了提高职业教育质量的手段，例如培训计划。联邦政府主要侧重其在法律实施中的支持作用，包括：不断确保职业教育体系的质量，确保定期就这一主题进行讨论，必要时进行协调和实施。联邦政府通过提供启动资金来促进质量的提高。

《联邦职业教育法》中规定了基本质量标准。在国家层面，该法律以及各种条例（包括《职业教育和培训条例》《高等教育院校课程和文凭后课程认可最低要求条例》《联邦职业高中会考条例》等）规定了质量保障的一些关键要素：监控职业教育和培训及其培训场所，监控职业教育和培训及其考试，制定、批准、执行和定期审查职业教育和培训的基础，与资格认证程序有关的要求，学习场所之间的合作，职业教育师资的教育和培训。

（二）中等职业教育的质量保障

各州和联邦政府共同负责本地的教育和培训质量。各州负责监督培训企业、提供工作实习的组织机构、个人工作所在组织以外的课程、中等职业学校和高等专科学校的质量改进和提升，确保学习者和职业教育培训教师可以获得建议，并协调职业教育和培训相关各方之间的合作。联邦政府负责监督专科高中会考、联邦职业高中会考以及教师培训课程质量的提高，还负责监管联邦政府补贴地区的质量维护和改进。此外，联邦政府和各州共同监督联邦职业高中会考的质量保障和质量改进。

在高等专科学校负责教学的教师需要拥有高等教育学历、至少6个月的专业经验以及1 800学时的职业教育教学工作经历。负责在企业培训学徒的职业教育培训师和行业课程讲师，都需要取得相关的职业教育资格证书，并接受过教育教学方法论和教学理论方面的培训。学徒企业必须达到一定标准，才能从州政府获得必要的培训许可。

各州对中等职业教育施行监管，包括向学习者、职业教育教师和培训师提供建议和支持，以及职业教育和培训相关各方之间的协调。监管范围包括：专业实践中的教育培训质量、学校教育培训的质量、考试和其他资格认证流程、是否遵守教学合同中的法定条款、是否遵守双方签订的学徒合同。各州通过访问、提供继续教育培训和会议以及书面和口头信息等方式履行其监管职责。

（三）高等职业教育的质量保障

在高等职业教育方面，瑞士教育科研与创新国务秘书处主要通过以下方式对联邦职业考试和联邦高等专业考试施行监管：视察访问、参加会议讨论、提交关于考试的报告、就申请作出决定等。在高等专科学校方面，各州通过访问、与高等专科学校签订绩效协议等方式履行其监管义务。在涉及工作实习的课程中，实习由培训机构进行监控。

考试中最重要的质量保障因素是由行会组织负责的，这确保了劳动力市场的需求得到考虑，并代表了单一的国家质量标准。其他质量工具属于考试规则，可以进行调整以反映最新的发展。此外，还有一个由职业教育领域经验丰富的专家组成的考试委员会负责每项联邦考试，负责评估考试和制定考试任务。教育科研与创新国务秘书处负责监督联邦考试的实施，也是联邦职业考试和联邦高等专业考试结果发生争议时的第一上诉途径。这些措施确保培训原则中规定的考试能力得到了实际检验，并达到了标准。

就高等专科学校的课程而言，质量保障是通过行会组织参与框架课程的开发、专家参与最终资格认证程序以及直接与企业保持定期对话来实现的。教育科研与创新国务秘书处批准框架课程并将最终课程纳入认可程序，一旦认可程序完成，各州就负责监督高等专科学校的课程。

二、职业教育和培训的质量评估

为了让企业和机构准确评估学徒的培训质量，瑞士职业教育和培训办公室会议、瑞士雇主协会和瑞士工业贸易协会共同编制开发了学徒培训质量评估表（QualiCarte）。该评估表是一种用于实际职业培训中的质量评估发展工具，主要用于提供职业培训的企业进行自我评估。它适用于所有职业，用于评估企业或培训机构学徒培训的质量。它可以使企业精准定位，优化职业教育和培训潜力，从而定期对培训进行改进。评估表中规定了高质量学徒培训计划必须满足的全部要求。质量改进是一个持续的过程，因此使用该评估表定期检查培训质量和改进措施至关重要。

学徒培训质量评估表由 28 个质量评估指标组成（见表 5.1），描述了整个职业培训过程中的关键步骤。评估表分为五个部分，分别是承诺、培训简介、培训、企业的责任和合同终止，以及目标监控和质量改进措施。

表 5.1　学徒培训质量评估表

质量评估指标	非常不符合	不太符合	符合	非常符合
上一次"学徒培训质量评估表"中制定的措施是有效的，且既定目标已经实现				
一、承诺：企业／培训机构履行承诺条款				
1. 明确了学徒预期档案的标准				
2. 对每个被选中的申请人进行面试，并使用其他筛选工具				
3. 组织和评估观察培训				
4. 申请人收到有关工作条件的信息				
5. 遴选程序的结果以明确的方式传达给所有申请人				
6. 向申请人解释学徒合同条款				
二、培训简介：企业／培训机构专门为学徒准备了一个定向培训计划				
7. 指定学徒培训师				
8. 在学徒培训的第一天，学徒将受到欢迎并获得相关信息				
9. 学徒会收到有关企业／培训机构活动范围的详细信息				
10. 向学徒告知有关工作场所安全、健康和卫生的规定				
11. 为学徒提供独立的工作站和执行任务所需的工具				
12. 从一开始，学徒就了解《职业教育和培训条例》以及相应培训计划（包括所在企业的学徒培训计划、学徒的个人培训计划等）的重要性				

质量评估指标	非常 不符合	不太 符合	符合	非常 符合
三、培训：企业／培训机构帮助学徒获得专业所需的能力和知识， 并对他们进行培训				
13. 在试用期内，学徒定期收到学徒培训师的反馈。在试用期结束时，学徒培训师将起草一份培训报告，并与学徒进行讨论				
14. 企业／培训机构清楚地了解向学徒提供学徒培训和其他形式支持的重要性				
15. 培训计划和支持学徒培训的其他手段得到了始终如一的实施				
16. 学徒培训师设定了明确和可衡量的学习目标，通过检查进度来确定目标是否已经实现				
17. 对工作流程和方法进行了规划、演示和解释				
18. 从定性和定量的角度检查学徒完成的任务，并与学徒讨论结果				
19. 学徒逐渐参与到企业活动中，并被赋予越来越多的自主权				
20. 对学徒在职业学校和分支机构培训中心取得的成绩进行监测和讨论				
21. 学徒培训师确保学徒获得个性化的指导和支持				
22. 每学期，学徒培训师都会准备一份培训报告，然后按照《职业教育和培训条例》中的规定与学徒探讨				
23. 学徒培训师让学徒有机会就学徒培训发表批评性意见，并在可能的情况下考虑这些意见				
四、企业的责任和合同终止：企业／培训机构与参与学习过程的各方合作				
24. 如果学徒遇到困难或学徒合同有终止的风险，学徒培训师会根据情况立即联系其家庭、主管部门或职业学校				
25. 准备资格认证程序所需的所有措施将在适当的时候采取				
26. 在学徒将要离开时，作出适当的安排				
27. 学徒培训师定期接受适当的继续教育和培训				

质量评估指标	非常不符合	不太符合	符合	非常符合
28. 企业 / 培训机构为学徒培训师提供必要的时间、财力和物力				

目标监控和质量改进措施	负责人	截止日期	是否已达到目标

培训师：   代表的企业 / 培训机构：

  在自我评估时，要求学徒培训提供者逐项考虑每个指标，并对每个指标进行客观评估。每次对指标给出负面评价（"非常不符合"或"不太符合"）时，企业必须采取措施以满足所有质量要求。企业或培训机构需要制定明确而清晰的目标，并设定切合实际的截止日期，以监测计划措施的有效性。同时，企业和培训机构所在的州或行会组织的代表也可以将学徒培训质量评估表用作外部评估工具，对其提供的学徒培训质量进行评估。各州负责全面监督职业教育和培训项目。在监督学徒培训时，各州普遍采用学徒培训质量评估表中规定的质量标准。同时，各州在决定是否授予或撤销对企业或培训机构的职业教育和培训认证时，同样可以使用这一标准。

第六章

瑞士职业教育教师资格与培训

瑞士职业教育的师资队伍主要在三个不同的学习场所（企业、职业学校和培训中心）以及高等职业教育机构对学生进行培训。瑞士对于职业教育师资有着严格的准入制度，根据定位大体将教师分为企业培训师、职业学校教师和行业课程讲师，分别负责学生的实践教育、专业教育和通识教育。本章着重阐述不同种类的职业教育师资所对应的资格要求和所承担的培训课程的主要内容。

第一节 瑞士职业教育师资与师资培训

一、瑞士职业教育师资人才的分类

在瑞士，对职业教育教师的专业要求在国家层面上受到监管，并且教师需要在联邦认可的机构接受培训。

培训以实践为导向，并与工作和学习场所的情况直接相关。瑞士教育科研与创新国务秘书处为瑞士职业教育师资人才的培训质量提供保障。瑞士《联邦职业教育法》和《职业教育和培训条例》针对企业培训师、职业学校教师和行业课程讲师的学历背景和工作经验提出了相应的专业要求和教学要求，一般来说必须具备足够的专业能力和丰富的教学经验。所有这三类专业人员都只在与私营部门密切合作的、联邦认可的机构接受培训。职业学校教师在课堂教学中应不断更新自己的教学材料和教学资源，与时俱进，以满足企业当下的需求。

瑞士的职业教育师资人才为学习者提供足够的支持，并向他们提出挑战，让他们在当前和未来的职业生涯和道路上更加自立。这些师资人才在考虑经济、社会、政治和市场运营利益的同时，也会考虑学习者个人的期望和需求。课程或培训可以有多种形式，可以在不同的学习场所中进行，具体与课堂教学、学徒培训或行业课程培训所需的教学深度和专业知识密不可分。

瑞士为职业教育师资人才准备了形式多样的培训课程供其选择，包括下列五类培训。

（1）为企业中的学徒培训师提供的培训。

（2）在培训中心或类似的第三方培训中心、商贸学校和其他经过认可的职业教育培训机构，为行业课程讲师提供的培训。

（3）为职业学校中负责专业教学（如职业科目、"语言、沟通和社会技能"科目、体育）的职业学校教师提供的培训。

（4）为联邦职业高中会考预备课程的职业学校教师提供的培训。

（5）为在高等职业教育机构工作的教师提供的培训。

二、瑞士职业教育师资培训的摇篮——瑞士联邦职业教育和培训大学

（一）瑞士联邦职业教育和培训大学简介

瑞士联邦职业教育和培训大学是瑞士的职业教育和培训的专家组织，隶属于瑞士联邦经济事务、教育和研究部，负责为职业教育教师和培训师提供基础培训和进修培训、进行职业教育领域的研究、开发新职业，并支

持职业教育和培训方面的国际合作。联邦委员会对瑞士联邦职业教育和培训大学行使管理的权力。其主校区设在佐利科芬，在洛桑和卢加诺设有区域校区，以更好地满足瑞士各州和不同语言地区的需求。2022 年，超过1.3 万人在瑞士联邦职业教育和培训大学完成了基础培训或进修培训。该大学参与了 48 个研究项目，并主持开发了 343 个培训项目，以创建、审查或修订中等职业教育和高等职业教育部门的培训内容。

瑞士联邦职业教育和培训大学的前身是成立于 1972 年的瑞士职业教育研究所（Swiss Pedagogical Institute for Vocational Education，SPIVE），当时主要是为职业学校教师提供教学培训。1975 年，瑞士职业教育研究所的第二个校区在洛桑成立，随后 1991 年第三个校区在卢加诺成立。2007 年，瑞士职业教育研究所更名为瑞士联邦职业教育和培训学院。2021 年，瑞士联邦职业教育和培训学院转型为瑞士联邦职业教育和培训大学，并于 2022 年被瑞士认证委员会认证为教师教育大学（University of Teacher Education）。

（二）教学与培训

1. 培训对象和培训内容

瑞士联邦职业教育和培训大学拥有瑞士教育科研与创新国务秘书处认可的 26 门培训课程，每年在三个语言地区培训 1 700 多名教师。培训课程主要面向企业培训师、职业学校教师和行业课程讲师，为职业学校教师、联邦职业高中会考预备课程的职业学校教师、高等职业教育机构教师、行业课程讲师和其他提供实践培训场所的教师提供培训。

培训内容主要包括：与学习者密切互动，采用翻转课堂、双语教学、信息技术等手段不断推动创新；采用双元制职业教育培训方法，作为理论指导实践的参考框架；帮助学习者在工作和家庭生活之间取得平衡；提供继续教育培训课程；提供咨询服务，以促进在职业学校引入双语教学。

2. 职业教育和培训理学学士学位课程和理学硕士学位课程

此外，瑞士联邦职业教育和培训大学还提供了职业教育和培训理学学士学位课程。除了帮助学习者清楚地了解瑞士职业教育体系以及如何管理职业教育和培训项目外，还将指导其如何专业地领导职业教育和培训项目；了解如何以最佳方式将数字媒体和技术纳入特定的学习安排；与职业教育领域利益相关者进行有效的沟通和互动；诊断培训需求，然后发起、指导和评估相应的培训计划；通过建设性的团队合作来计划、实施和完成职业教育和培训项目或进行项目的评估等，也是该课程讲授的重要内容。课程为期 8 个学期，学习者可以利用工作之余来完成。职业教育和培训理学学士学位课程将课堂教学与指导性自学和实习相结合，自学阶段有专门的讲师进行指导。

　　同时，瑞士联邦职业教育和培训大学还为打算继续深造的学习者提供了为期 6 个学期的职业教育和培训理学硕士学位课程。该课程将课堂教学与自学和实习相结合，为学习者提供了以应用为主导且面向未来的职业教育和培训所需的专业知识。课程为多语言授课，且为非全日制课程。通过硕士课程的学习，学习者将获得有关瑞士职业教育体系及其国际背景的广泛知识，将职业教育相关问题与经济学、社会学、心理学和教育科学结合起来，同时还能获得科学方法方面的技能。

第二节　瑞士职业教育教师资格要求

　　《联邦职业教育法》第 45—48 条和《职业教育和培训条例》第 40—54条对瑞士职业教育教师的资格要求、企业培训和课堂教学要求、培训内容、对资格的认可等方面均作出了详细的规定。

一、对职业教育师资人才的基本要求

　　依据《联邦职业教育法》，企业培训师以及在中等职业教育、高等职业教育、与工作相关的继续教育和培训部门工作的教师都应接受技术领域内的培训，并接受适当水平的教学内容和教学方法方面的培训。联邦委员会应制定企业培训师和在职业教育与继续教育相关部门工作的教师的最低培训要求，各州也应确保企业培训师接受充分的培训。同时，联邦政府可以为职业教育体系中的其他师资培训人员制定相应的培训计划。

在职业教育和培训项目框架内，瑞士职业教育培训教师应具备足够的培训水平，可以为学习者提供工作场所培训或职业学校的课堂教学。他们可以通过联邦颁发或认可的学位，或通过 40 学时课程培训的企业培训师证书来证明其培训水平。若教师在开始进行培训活动时未达到最低要求，则必须在五年内取得相应资格。各州当局应在与相应教育和培训项目的提供者协商后，再决定职业教育培训教师的技术等效性。

职业教育培训教师的学习时间应包括出勤时间，自学和培训、个人或团体项目、作为教育和培训计划一部分组织的其他活动、监督进度和资格认证程序的定期测试、所获得技能的实际使用和指导学徒所需的平均时间，学习时间可以通过将标准的学分制分解成模块来计算。

二、职业教育师资培训课程

（一）职业教育师资培训课程的主要内容

根据《职业教育和培训条例》，瑞士职业教育师资培训应在工作场所培训和课堂教学环境中进行，职业教育师资培训课程包括以下几方面。

（1）职业教育体系以及相关背景：职业教育和培训制度、法律依据、职业生涯指导和咨询服务。

（2）学生：年轻人和成年人在企业、学校和社会中参与同工作相关的社交活动。

（3）教与学：学习活动的规划、实施和评估，在培训和学习过程中为学生提供支持和帮助，根据各种能力测试评估和挑选学生。

（4）将所学知识应用于工作场所培训或课堂教学的能力。

（5）了解教师或培训师的职能，建立自己的继续教育培训计划。

（6）与学生互动，与学生的法定监护人、政府官员、学徒企业、职业学校和其他学习场所合作。

（7）与工作导向的心理、伦理、性别问题、健康、文化多样性、可持续性、职业安全等相关的一般性主题。

（二）核心教学大纲

瑞士教育科研与创新国务秘书处负责制定职业教育培训教师资格认证的核心教学大纲，这些大纲应确定各个模块的时间、课程内容以及教师所需的实践技能和能力。相应机构组织学习课程，这些课程应充分结合学科专业知识和职业教育师资培训技能。

三、联邦政府资格认证方式

瑞士联邦政府对职业教育师资培训课程相关资格的认证可以通过以下方式确定。

（1）针对企业培训师的学习课程，各州政府可确认资格。

（2）如果学习课程在瑞士各地开设，那么瑞士教育科研与创新国务秘书处为企业培训师提供学习课程的资格认证。

第三节　瑞士职业教育师资培训课程

瑞士职业教育体系的独特性和优势体现在理论和实践与工作实际的联系中。理论与实践必须不断相互关联，既要考虑学习者已有的实践，又要为他们提供有用的理论基础，并将他们引入实际工作。理论为实践提供了参考框架并使其易于理解，实践反过来又为理论提供了现实依据。只要这种相互关系得以保证，职业培训就能取得良好的效果。职业教育师资培训的任务是让负责职业教育和培训的教师、培训师做好充分的准备，重视并保持理论和实践的统一和平衡。

职业教育教师通过促进和要求适应情况的自主学习，使接受培训的学习者，无论是年轻人还是成年人，都能够对其目前和未来的职业培训负责。这些职业培训教师获得的专业经验越广泛，就越需要带入教学中，同时还需要将所学知识付诸实践的机会。

专业从事培训师或教师活动的个人，应该对职业培训教学法有更为深入的理解。瑞士教育科研与创新国务秘书处基于瑞士《职业教育和培训条例》第44—49条，以及瑞士联邦经济事务、教育和研究部发布的《高等教育院校课程和文凭后课程认可最低要求条例》第12条，制定了一整套"职业教育师资培训课程"，规定了职业教育和培训的目标、核心内容和培训时间，明确了实践教学和学术教学的最低要求，并制定了相应标准。

教育科研与创新国务秘书处开发了11种不同的职业教育师资培训课程，每门课程都对应不同职业环境中的教师或培训师。这些师资培训课程主要面向以下人群，不同种类的师资又可分为全职和兼职：

（1）企业培训师；

（2）行业课程讲师；

（3）联邦职业高中会考学科教师；

（4）中等职业教育普通文化课学科教师；

（5）中等职业教育专业学科教师；

（6）具有高中教师资格的中等职业教育专业学科教师；

（7）中等职业教育体育教师；

（8）高等专科学校专业学科教师。

这一职业教育师资培训课程旨在确保为负责职业培训的人员提供最新的课程培训，为职业培训负责人建立培训和教学活动的标准。培训课程既是周期性职业教育师资培训的基础，也是职业教育师资培训课程的标准。

瑞士职业教育师资培训课程的设立和实施主要基于《职业教育和培训条例》提出的以下7个培训目标。

目标1：将与学生的关系定义为互动的关系；

目标2：根据学生的具体情况和职业实践，规划、实施和验证培训或教学单元；

目标3：选择、评估和支持学生；

目标4：了解法律、学校、企业以及专业背景，在此类背景下进行培训；

目标5：反思自己的工作（并让其他合作的同事或培训师参与反思）；

目标6：知道如何将理论与实践相互转化；

目标7：在理论层面深化学科内容，并阐述学科教学的目的。

依据以上7个培训目标，瑞士教育科研与创新国务秘书处分别制定了对应于不同职业教育师资的培训课程核心大纲，包含具体的培训目标和相应的培训标准，不仅包含不同的教学方法，而且对教学与培训过程、与学生之间的互动、教学反思等方面也作出了相应的规定。下面对几个具体的职业教育师资培训课程进行简要介绍。

一、职业教育企业培训师的培训课程

1. 学时

职业教育企业培训师需要接受100学时的培训。

2. 资格

职业教育企业培训师应具有所在领域的联邦职业教育文凭或同等学力，并在相关领域拥有2年及以上工作经验。

3. 培训内容

依据7个培训目标制定了"职业教育企业培训师培训目标及培训标准"，参见表6.1。

表6.1　职业教育企业培训师培训目标及培训标准

师资类型	培训目标的具体内容	培训标准
职业教育企业培训师	为学生提供指导、陪同和支持；提高学生的社会交往能力；明确培训师的职能	可针对学生的具体问题和兴趣作出回应；采取措施使学生对其未来作为专业人士的角色更加自信，并加强其与公司其他人之间的信任关系

师资类型	培训目标的具体内容	培训标准
职业教育企业培训师	了解培训计划,并将其融入企业工作流程;掌握提高质量的方法;提供企业学习期间的指导和陪同	1. 能规划实践培训的内容和时间,与其他培训场所协调,并实施有关《职业教育和培训条例》的培训计划。 2. 掌握解释工作流程的方法,并支持学生在不同阶段的培训;通过质量保证和开发方法来验证他们的工作
	对培训学生进行选拔;撰写培训报告;成绩评估;支持措施	可以使用有针对性的方法对学生进行选拔、晋升和评估
	职业培训制度、法律依据;州职业教育和培训办公室;培训场所之间的合作;咨询服务;与法定代表人合作;工作安全;性别问题;多元文化;可持续性	1. 掌握实施职业培训和劳动法规定的方法,以及卫生、职业安全和环境保护的原则,使受训学生遵守这些原则。 2. 能意识到学生面临的一些问题,这些问题与青春期、性别角色、朋友圈、脱离原生家庭、对学校失去兴趣、找工作等有关;可以为学生提供咨询服务,并能够及时通过这些服务来维护学生的利益

二、行业课程讲师的培训计划

1. 学时

对于行业课程讲师而言,全职者需要接受 600 学时的培训,兼职者需要接受 300 学时的培训。

2. 资格

行业课程讲师应具有所在领域的高等职业教育资格或同等学力,并在相关领域拥有 2 年及以上从业经验。全职者在培训中心就职时间大于标准工作周的一半,兼职者在培训中心就职时间小于标准工作周的一半。

3. 培训内容

依据七个培训目标制定了"行业课程讲师培训目标及培训标准",参见表 6.2。

表6.2　行业课程讲师培训目标及培训标准

师资类型	培训目标的具体内容	培训标准
行业课程讲师	为学生提供指导、陪同和支持；提高学生的社会交往能力；明确讲师的职能	可针对学生的具体问题和兴趣进行解答；能采取措施，使学生对自己未来的专业角色更有信心
	了解培训计划并将其融入企业工作流程；准备和规划；方法论；促进自主学习；在培训环境中开展工作	1. 能规划实践培训的内容和时间，与其他培训场所协调；把有关《职业教育和培训条例》的培训计划作为练习的一部分，并与专业实践建立牢固的联系。 2. 掌握解释工作流程的方法，并支持学生在不同阶段的培训；根据工作场所使用相关的工具，旨在促进有关人员的自主性和实践技能的提高，使其能够在未来发挥专业人才的作用。 3. 结合学生的能力和在专业领域的具体情况，根据相关培训计划制定培训方案（兼职培训不需要）
	对学生表现进行评价；撰写培训报告；支持措施	1. 在培训期间掌握对学生的评价方法，采取有针对性和适当的方式检验学生的表现。 2. 有个人或团体支持计划，并以学生能够接受的、与其潜力相匹配的基本职业培训的方式实施这些计划。 3. 根据设定的目标，制定有效的问题和考试任务。考试的形式以专业背景为导向，必须对实践进行反思（兼职培训师不需要）
	职业培训制度、法律依据；州职业教育和培训办公室；培训场所之间的合作；咨询服务；与法定代表人合作；工作安全；性别问题；多元文化；可持续性	1. 掌握实施职业培训和劳动法规定的方法，以及卫生、职业安全和环境保护的原则，使受训学生遵守这些原则。 2. 能意识到学生面临的一些问题，这些问题与青春期、性别角色、朋友圈、脱离原生家庭、对学校失去兴趣、找工作等有关；可以为学生提供咨询服务，并能够及时通过这些服务来维护学生的利益
	与同事以及研究所内部的合作（兼职讲师不需要）；对教学活动的培训；估算工作量；专业化教学	1. 可体现行业课程讲师在学科和职业教育方面的双重作用；愿意并能够更新其专业和教学专业技能。 2. 与其他培训师合作，努力确保跨企业的课程以创新、面向服务的方式开展（兼职培训师不需要）

师资类型	培训目标的具体内容	培训标准
行业课程讲师	了解学生的专业,评估他们的专业经验,并将其用于未来的学习过程;加深和概括所学知识;利用所学知识作为获得新的理论和实践知识的基础	1. 能借鉴学生的学徒经验,并将学生在工作场所获得的经验置于理论和特定领域的背景下(兼职培训师不需要)。 2. 能将组织学习作为解决基础职业培训和终身学习中其他专业问题的起点;从典型的情况开始,强调与专业知识和技能的联系(兼职培训师不需要)
	反思其专业的具体内容、教育学专业培训的理论方法,和在学科教学中的实际应用	能准备本学科的教学内容,将专业内容与专业教学操作技能相结合,同时兼顾学生的个性和态度

三、联邦职业高中会考学科教师的培训计划

1. 学时

对于联邦职业高中会考学科教师而言,在职业教育和培训项目框架内教授职业教育课程需满足:全职者需要接受 1 800 学时的培训,兼职者需要接受 300 学时的培训。

2. 资格

联邦职业高中会考学科教师应具有大学文凭或所在领域的高等职业教育和培训学位,并在相关领域拥有 6 个月及以上从业经验。全职者在职业学校就职时间大于标准工作周的一半,兼职者在职业学校就职时间小于标准工作周的一半。

3. 培训内容

依据 7 个培训目标制定了"联邦职业高中会考学科教师培训目标及培训标准",参见表6.3。

表6.3 联邦职业高中会考学科教师培训目标及培训标准

师资类型	培训目标的具体内容	培训标准
联邦职业高中会考学科教师	为学生提供指导、陪同和支持；提高学生的社会交往能力；明确教师的职能	1. 可针对学生的具体问题和兴趣进行解答；能认识到学生的优势和劣势；能参照学生的专业实践采取措施，使学生对自己未来的专业角色更有信心。 2. 认识到发展操作技能的困难情况；通过咨询帮助学生完成培训（兼职教师不需要）
	分析培训计划及其在课程中的执行情况；教学计划和实施；教学顺序的确定；教学方法和手段；支持职业学校学生的学习过程	1. 根据学生的专业经验制定教学目标，并在培训计划的基础上与其他培训场所协调实施；根据教学目标在内容和方法上指导课程，并鼓励学生自主学习。 2. 按照时间把学习划分为不同阶段；考虑到学生在学习方面的个人背景和专业背景，能运用促进技能发展并使教学方法适应一般条件的方法和媒介。 3. 采用不同的教学手段，使学生能够了解培训内容，并将其与专业实践联系起来；运用教育手段促使学生发展出更适合实际需求的技能（兼职教师不需要）。 4. 采用不同的教学和学习辅助方法，将其与教学单元的目标联系起来，并验证其有效性；使用灵活的教学方法和教育手段（兼职教师不需要）。 5. 通过不同形式的干预，促进团队中的沟通和互动过程（兼职教师不需要）。 6. 培养学生的主动性和创业技能，并伴随着自我管理的学习；为学生制定计划，指定某些材料供学生学习，并验证其有效性（兼职教师不需要）。 7. 在相关培训计划的基础上，制定能够兼顾学生在其专业领域和能力方面的个性的教学计划（兼职教师不需要）
	评价；成绩单；学习日志；支持措施；学生的内部差异；实习期末考试	1. 在培训期间主要掌握对学生的评价方法，能采取有针对性和适当的方式检验学生的表现。 2. 有个人或团体支持计划，并以学生能够接受的、与其潜力相匹配的基本职业培训（可选择的或再培训课程）的方式实施这些计划。 3. 根据设定的目标，提出有效的问题并制定考试任务；采用符合《职业教育和培训条例》的具体考试形式和相应程序（兼职教师不需要）

师资类型	培训目标的具体内容	培训标准
联邦职业高中会考学科教师	职业培训制度、法律依据；州职业教育和培训办公室；培训场所之间的合作；咨询服务；与法定代表人合作；工作安全；性别问题；多元文化；可持续性	1. 能在课堂上将职业培训、劳动法的规定，以及卫生、职业安全、环境保护等原则结合起来，让学生遵守这些规定和原则。 2. 能意识到学生面临的一些问题，这些问题与青春期、性别角色、朋友圈、脱离原生家庭、对学校失去兴趣、找工作等有关；可以为学生提供咨询服务，并能够及时通过这些服务来维护学生的利益
	与同事以及研究所内部的合作（兼职教师不需要）；对教学活动的反思；估算工作量；专业化教学	1. 体现了联邦职业高中会考学科教师在学科和职业教育方面的双重作用；愿意并能够更新其专业和教学专业技能。 2. 组织跨学科合作，并努力确保学校以创新的方式发展，以提供服务为导向（兼职教师不需要）。 3. 采取建设性的态度看待错误和批评，以改善课堂和整个学校的教学和学习（兼职教师不需要）
	了解学生的专业，评估他们的专业经验，并将其用于未来的学习过程；加深和概括所学知识；以所学知识作为获得新的理论和实践知识的基础	1. 能与学生的经验联系起来，并将他们的专业和个人经验置于理论和特定领域的背景卜（兼职教师不需要）。 2. 将组织学习作为解决基础职业培训和终身学习中其他专业问题的起点；从典型的情况开始，强调与专业知识和技能的联系（兼职教师不需要）
	反思专业的具体内容、教育学专业培训的理论方法，和在学科教学中的实际应用	主要准备本学科的内容和教学，将专业内容与专业教学操作技能相结合，同时兼顾学生的个性和态度

四、中等职业教育普通文化课学科教师的培训计划

1. 学时

中等职业教育普通文化课学科教师需要接受 1 800 学时的培训。

2. 资格

中等职业教育普通文化课学科教师应具有普通文化课义务教育学校教师资格文凭或大学文凭，并在相关领域拥有 6 个月及以上从业经验。

3. 培训内容

中等职业教育普通文化课学科教师的培训目标与联邦职业高中会考学科教师培训目标的前 6 条相同（见表 6.3），但第 6 条培训目标的第 2 个培训标准为"将组织学习作为解决基础职业培训和终身学习中其他专业问题的起点；通过实例，能够从选定的情况出发，突出与企业、专业知识和技能以及理论反思的联系"。第 7 条培训目标的内容为"对普通文化课教学具体内容的思考；教育学在职业培训上的理论方法，及在学科教学中的实际应用"。第 7 条培训目标对应的培训标准包括以下内容。

（1）普通文化课学科教师知道如何将普通文化课教学内容和专业教学操作技能相结合，能考虑学生的个性，通过具体的案例将教学内容与专业知识联系起来。

（2）普通文化课学科教师具有应用语言学和语言教学的基础；在支持语言学习时，能考虑到学生的特殊需求；能够在本国和国际背景下，以不同的方式教授学生使用书面和口头语言作为交流和文化传播的工具。

（3）普通文化课学科教师具有社会学习领域八个方面的教学 / 学科知识和操作技能：文化、法律、生态学、经济学、伦理学、身份认同和社会化、政治和技术；能考虑到这些不同的学科视角与学生的个人、职业和社会现实之间的关系；这些课程伴随着学生必须克服的实际挑战；在与学习领域八个方面相关的培训中，能激发学生的自主行为和责任意识。

五、中等职业教育专业学科教师的培训计划

1. 学时

中等职业教育专业学科教师需要接受 1 800 学时的培训。

2. 资格

中等职业教育专业学科教师应具有相应领域大学文凭，并在相关领域拥有 6 个月及以上从业经验。

3. 培训内容

中等职业教育专业学科教师的培训目标与"联邦职业高中会考学科教师"的培训目标基本相同，除了第 3 条、第 4 条和第 6 条（见表6.3）。前者的第 3 条目标为"评价；成绩单；学习报告；支持措施；学生的内部差异；专业成熟度考试"，包含的培训标准为"在培训期间主要掌握对学生的评价方法，采取有针对性和适当的方式检验学生的表现；有个人或团体支持计划，并以一种使学生能够在学习中取得最佳进展的方式实施这些计划；根据设定的目标，提出有效的问题并制定考试任务；采用符合《职业成熟度条例》的具体考试形式和相应程序"。第 4 条的培训标准为"能意识到学生面临的一些问题，这些问题与青春期、性别角色、朋友圈、脱离原生家庭、对学校失去兴趣、找工作等有关；可以为学生提供咨询服务，并能够及时通过这些服务来维护学生的利益"。第 6 条培训目标的第 2 个培训标准为"将组织学习作为解决基础职业培训和终身学习中其他专业问题的起点；通过实例，能够从选定的情况出发，突出与企业、专业知识和技能以及理论反思的联系"。

六、具有高中教师资格的中等职业教育专业学科教师的培训计划

1. 学时

具有高中教师资格的中等职业教育专业学科教师需要接受 300 学时的培训。

2. 资格

具有高中教师资格，并在相关领域拥有 6 个月及以上从业经验。

3. 培训内容

依据 7 个目标制定了"具有高中教师资格的中等职业教育专业学科教师培训目标及培训标准"，参见表6.4.

表6.4　具有高中教师资格的中等职业教育
专业学科教师培训目标及培训标准

具有高中教师资格的中等职业教育专业学科教师	评价；成绩单；学习日志；支持措施；学生的内部差异；专业成熟度考试	1. 在培训期间主要掌握对学生的评价方法，能采取有针对性和适当的方式检验学生的表现。 2. 有个人或团体支持计划，并以学生能够在学习中取得最佳进展的方式实施这些计划。 3. 根据设定的目标，提出有效的问题并制定考试任务；采用符合《职业成熟度条例》的具体考试形式和相应程序
	职业培训制度、法律依据；州职业教育和培训办公室；培训场所之间的合作；咨询服务；与法定代表人合作；工作安全；性别问题；多元文化；可持续性	1. 能意识到学生面临的一些问题，这些问题与青春期、性别角色、朋友圈、脱离原生家庭、对学校失去兴趣、找工作等有关；可以为学生提供咨询服务，并能够及时通过这些服务来维护学生的利益。 2. 在教学计划的基础上，能够制定考虑到学生个性的培训方案
	与同事以及研究所内部的合作；对教学活动的反思；估算工作量；专业化教学	1. 愿意并能够更新其专业和教学专业技能。 2. 组织跨学科合作，并努力确保学校以创新的方式发展，以提供服务为导向。 3. 采取建设性的态度看待错误和批评，以改善课堂和整个学校的教学和学习
	了解学生的专业，评估他们的专业经验，并将其用于未来的学习过程；加深和概括所学知识；以所学知识作为获得新的理论和实践知识的基础	1. 能与学生的经验联系起来，并将他们的专业和个人经验置于理论和特定领域的背景下。 2. 将组织学习作为解决基础职业培训和终身学习中其他专业问题的起点；通过实例，能够从选定的情况出发，突出与企业、专业知识和技能以及理论反思的联系
	反思专业的具体内容、教育学专业培训的理论方法，和在学科教学中的实际应用	将专业内容与专业教学操作技能相结合，同时兼顾学生的个性和态度，并将教学内容落实到具体实例中

七、中等职业教育体育教师的培训计划

1. 学时

中等职业教育体育教师需要接受 1 800 学时的培训。

2. 资格

中等职业教育体育教师应具有所在领域大学文凭，并在相关领域拥有 6 个月及以上从业经验。具有义务教育学校或高中教学资格的体育教师，只需完成 300 小时培训。

3. 培训内容

依据 7 个培训目标制定了"中等职业教育体育教师培训目标及培训标准"，参见表 6.5。

表 6.5　中等职业教育体育教师培训目标及培训标准

师资类型	培训目标的具体内容	培训标准
高等专科学校专业学科教师	为学生提供指导、陪同和支持；提高学生的社会交往能力；明确教师的职能	1. 主要回应学生的具体问题，并发现学生的兴趣；了解学生的优势和劣势；能结合学生的专业实践和职业抱负制定措施，增强学生的自信。 2. 认识到发展操作技能的困难情况；向学生提供咨询建议
	分析培训计划及其在课程中的执行情况；教学计划和实施；教学顺序的确定；教学方法和手段；促进学生的自主学习	1. 在培训计划和学校方案的基础上，结合学生的专业经验，制定教学目标；根据教学目标确定教学内容和方法。 2. 按照时间把学习划分为不同阶段；考虑到学生在学习方面的个人背景和专业背景，并使教学方法适应一般情况。 3. 能够以逻辑、连贯和充分的方式传达内容，并将其与学生的个人、专业和社会背景联系起来。 4. 采用不同的教学和学习辅助方法；将其与教学单元的目标联系起来，并验证其有效性；使用灵活的教学方法和教学手段。 5. 通过不同形式的干预，促进团队中的沟通和互动过程。

师资类型	培训目标的具体内容	培训标准
高等专科学校专业学科教师	分析培训计划及其在课程中的执行情况；教学计划和实施；教学顺序的确定；教学方法和手段；促进学生的自主学习	6. 培养学生的主动性，并伴随着自我管理的学习。 7. 在相关培训计划的基础上，致力于制定学院计划，将体育教育和培训教学法的指导思想纳入学校的专业活动中
	评价；成绩单；毕业论文；支持措施；学生的内部差异	1. 知道如何适当地组织课程并保证安全的学习环境；尽早识别存在风险的情况并采取措施促进安全。一旦发生事故，能够迅速作出反应。 2. 有个人或团体支持计划，并以学生能够接受的、与其潜力相匹配的基本职业培训的方式实施这些计划。 3. 根据教学计划并采取鼓励的方式对学生进行评估；制定有效的考核方法和考核任务，按照目标检查学生的表现。 4. 知道如何识别并及时应对学习困难和失败，也知道如何识别训练中人们的攻击性、恐惧和心理障碍
	职业培训制度、法律依据；州职业教育和培训办公室；培训场所之间的合作；咨询服务；与法定代表人合作；工作安全；性别问题；多元文化；可持续性	1. 在课堂上将职业培训、劳动法的规定，以及卫生、职业安全、环境保护等原则结合起来，让学生遵守这些原则。 2. 意识到学生所面临的一些问题，这些问题与青春期、性别角色、朋友圈、脱离原生家庭、对学校失去兴趣、找工作等有关；可以为学生提供咨询服务，并能够及时通过这些服务来维护学生的利益。 3. 就存在风险的情况向学生提供建议和帮助
	与同事以及研究所内部的合作；对教学活动的反思；估算工作量；专业化教学	1. 不断更新自己的专业知识并组织自己的持续培训。 2. 组织跨学科合作，并努力确保学校以创新的方式发展，以提供服务为导向。 3. 采取建设性的态度看待错误和批评，以改善课堂和整个学校的教学和学习。 4. 能够以建设性的方式思考、讨论和处理与同事或学校管理层的关系中出现的困难
	了解学生的专业，评估他们的专业经验和终身学习的愿望，并将其用于未来的学习过程；加深和概括所学知识；以所学知识作为获得新的理论和实践知识的基础	1. 将学生的经验融入他们的课程中，并为他们提供机会，将体育和运动视为个人发展的机会。 2. 在训练中向学生传授必要的技能，使他们能够在学校、工作和空闲时间正确、负责任地进行体育运动和锻炼

师资类型	培训目标的具体内容	培训标准
高等专科学校专业学科教师	反思学科的具体内容、教育学专业培训的理论方法，和在学科教学中的实际应用	1. 在基础专业训练中支持学生掌握体育教学方案的主要内容。 2. 了解专业培训教育学和教育科学的最新发展并将其融入教学中

八、高等专科学校专业学科教师的培训计划

1. 学时

对于高等专科学校专业学科教师而言，全职者需要接受 1 800 学时的培训，兼职者需要接受 300 学时的培训。

2. 资格

高等专科学校专业学科教师应具有相应领域的大学学位、高等职业教育文凭或本学科的同等学力。全职者在职业学校就职时间大于标准工作周的一半，兼职者在职业学校就职时间小于标准工作周的 半。

3. 培训内容

依据 7 个培训目标制定了"高等专科学校专业学科教师培训目标及培训标准"，参见表 6.6。

表 6.6　高等专科学校专业学科教师培训目标及培训标准

师资类型	培训目标的具体内容	培训标准
高等专科学校专业学科教师	支持和陪同学生；明确教师的职能	1.可回应学生的具体问题，并发现学生的兴趣；了解学生的优势和劣势；能结合学生的专业实践和职业抱负制定措施，增强学生的自信。 2. 能认识到提高操作技能的困难情况；向学生提供咨询建议（兼职教师不需要）

师资类型	培训目标的具体内容	培训标准
高等专科学校专业学科教师	分析培训计划及其在课程中的实施情况；教学计划和实施；教学顺序的确定；教学方法和手段；促进自主学习	1. 在培训计划和学校方案的基础上，结合学生的专业经验，制定教学目标；在技能方面实现教学目标；根据教学目标确定教学内容和方法。 2. 按照时间把学习划分为不同阶段；能根据学生的个人背景和专业背景运用恰当的教学方法。 3. 采用不同的教学手段，使学生能够了解培训内容，并将其与专业实践联系起来；运用教学手段促使学生发展更适合实际需求的技能（兼职教师不需要）。 4. 采用不同的教学和学习辅助方法，将其与教学单元的目标联系起来，并验证其有效性；使用灵活的教学方法和教学手段（兼职教师不需要）。 5. 通过不同形式的干预，促进团队中的沟通和互动过程（兼职教师不需要）。 6. 培养学生的主动性和创业技能，使其能自主学习；为学生设计学习计划，指定学习材料，并评估这些材料的教学效果（兼职教师不需要）。 7. 在培训计划的基础上，制定能够兼顾学生在其专业领域和能力方面的个性的教学计划（兼职教师不需要）
	评价；成绩单；毕业论文；支持措施；学生的内部差异	1. 在培训期间主要掌握对学生的评价方法，关注技能，能采取有针对性和适当的方式检验学生的表现。 2. 有个人或团体支持计划，并以学生能够在学习中取得最佳进展的方式实施这些计划。 3. 根据学校课程中指明的目标，提出有效且以能力为导向的问题，并制定考试任务；采用符合相关教学大纲的具体考试形式和相应程序（兼职教师不需要）
	职业培训制度、法律依据；工作安全；性别问题；多元文化；可持续性	1. 能在课堂上将职业培训、劳动法的规定，以及卫生、职业安全、环境保护等原则结合起来，让学生遵守这些原则。 2. 了解学生与工作场所有关的问题和培训情况
	与经验丰富的专业人员一起反思教学；估算工作量；专业化教学	1. 体现了高等专科学校专业学科教师在学科和职业教育方面的双重作用，愿意并能够更新其专业和教学专业技能。 2. 组织跨学科合作，并努力确保学校以创新的方式发展，以提供服务为导向（兼职教师不需要）。 3. 采取建设性的态度看待错误和批评，以改善课堂和整个学校的教学和学习（兼职教师不需要）

师资类型	培训目标的具体内容	培训标准
高等专科学校专业学科教师	了解学生的专业，评估他们的专业经验和终身学习的愿望，并将其用于未来的学习过程；加深和概括所学知识；以所学知识作为获得新的理论和实践知识的基础；注重应用研究	1. 将自己与学生的专业经验联系起来，并将他们在工作场所（情境学习和非正式学习）中获得的经验置于理论和特定领域的背景下（兼职教师不需要）。2. 将组织学习作为解决专业问题和终身学习中其他专业问题的起点（兼职教师不需要）。3. 从选定的情况出发，运用案例强调与企业、专业知识和技能以及与应用研究的联系（兼职教师不需要）
	反思学科的具体内容、教育学专业培训的理论方法，和在学科教学中的实际应用	主要准备本学科的内容和教学，将专业内容与专业教学操作技能相结合

第七章
瑞士国家资格框架

　　瑞士的职业教育和培训长期以来在世界范围内享有较高的声誉，其高等教育成就、学习参与率与就业率等几个关键指标在欧洲位居前列。在完成义务教育之后，瑞士有大约三分之二的初中毕业生选择接受中等职业教育和培训。然而，瑞士国内的许多资格在其他国家相对不为人所知，这可能会阻碍瑞士公民在国外就业。为了增强本国职业资格证书的透明度和可比性，提升本国职业资格证书在欧洲范围以及更广泛的国际背景下的竞争力和认可度，瑞士决定与欧洲资格框架（European Qualifications Framework，EQF）和欧洲高等教育区资格框架（Qualifications Framework for the European Higher Education Area，QF-EHEA）建立联系。2009 年，在博洛尼亚进程背景下建立了瑞士高等教育国家资格框架（nqf.ch-HS），而瑞士职业教育国家资格框架（NQF-VPQ）于2014 年10 月1 日正式生效。瑞士职业教育国家资格框架以欧洲资格框架为基础，引入了由知识、技能和能力定义的八级结构，并于2015 年5 月实现了与欧洲资格框架的对接。通过将这些参考等级与欧洲资格框架中的等级进行对比，可以将瑞士的资格与其他国家的资格进行比较，从而让人们更容易了解瑞士职业教育体系的运作方式。

第一节　瑞士国家资格框架的组成

一、瑞士国家资格框架建设的法律基础

世界各地不同教育体系之间的差异使得人们很难评估某个特定培训项目的价值，或将其与其他培训项目进行比较。瑞士职业教育体系的重要性以及参加此类课程的人数之多，使得有必要确保其职业教育和培训资格更加透明和更易于在国际上与其他资格进行比较。瑞士通过建立职业教育国家资格框架、与欧洲资格框架进行对接，同时颁发中等职业教育资格证书附录（Certificate Supplements）和高等职业教育资格文凭附录（Diploma Supplements）来实现这一目的。为了使瑞士的职业资格更容易与其他欧洲国家不同种类的职业资格进行比较，并促进就业流动性，2014 年 8 月，瑞士联邦委员会决定引入职业教育国家资格框架，并颁布了《职业教育和培训国家资格框架条例》这一法令，为实施职业教育国家资格框架以及颁发证书附录和文凭附录奠定了法律基础。该框架涵盖了高中教育阶段和高等教育阶段超过 700 个中等职业教育和高等职业教育资格证书。

二、瑞士职业教育国家资格框架与高等教育国家资格框架的关系

作为 1999 年《博洛尼亚宣言》的签署国，瑞士承诺为建立欧洲高等教育区（European Higher Education Area，EHEA）作出贡献。欧洲高等教育区的建立基础是引入学士、硕士和博士三轮教育体系，引入欧洲学分转换和积累体系（ECTS），以及在质量保障方面提供合作。2005 年，签署国的教育部长们通过了欧洲高等教育区资格框架，并决定在此基础上制订本国的国家资格框架。同年 9 月，瑞士国家教育和研究秘书处考虑到联邦结构和大学自治的问题，要求瑞士大学校长会议与瑞士应用科学大学校长会议、瑞士师范大学校长会议、瑞士高等教育认证和质量保证中心以及其他利益相关者共同制定瑞士高等教育领域的国家资格框架。瑞士职业教育

国家资格框架也相继起草，并实现与欧洲资格框架的对接。

欧洲高等教育区资格框架的前身是与哥本哈根进程相关的更广泛的欧洲资格框架。欧洲资格框架既包括普通教育，又包括中等和高等职业教育和培训。然而在博洛尼亚进程中，教育部长们一直强调这两个框架之间需要维持互补性，在等级上应相互对应。因此，这两个资格框架在5—8级上，学习成果呈现对应关系。欧洲高等教育区资格框架中的短周期学习等同于欧洲资格框架中5级所需的学习成果，欧洲高等教育区资格框架中的学士、硕士和博士分别对应于欧洲资格框架中的6级、7级和8级所需的学习成果。欧洲资格框架同样适用于职业教育、继续教育以及非正规学习。在瑞士高等教育委员会自我认证并批准了瑞士高等教育国家资格框架之后，该框架与欧洲高等教育区资格框架进行了对接。因此，瑞士职业教育领域和高等教育领域的国家资格框架分别与各自的欧洲资格框架母体进行对接，使瑞士高等教育体系与职业教育体系的互补性更加透明（见图7.1）。

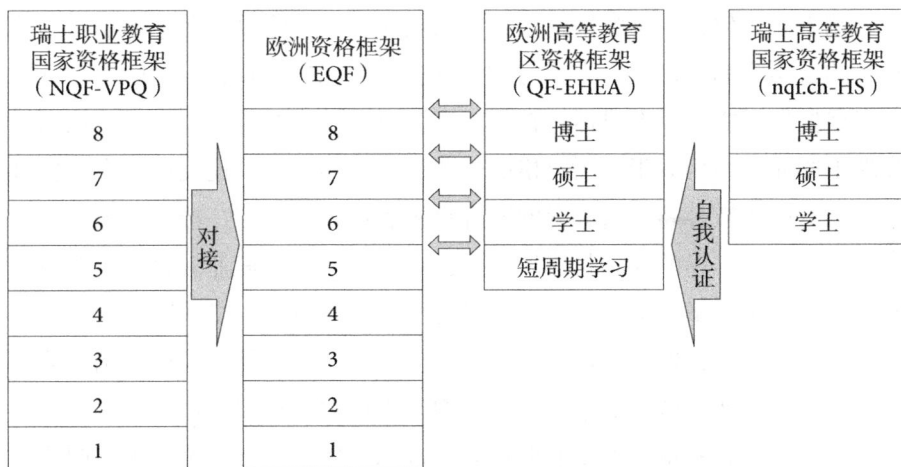

瑞士职业教育国家资格框架（NQF-VPQ）		欧洲资格框架（EQF）		欧洲高等教育区资格框架（QF-EHEA）		瑞士高等教育国家资格框架（nqf.ch-HS）
8		8	⇔	博士		博士
7	对接	7	⇔	硕士	自我认证	硕士
6		6	⇔	学士		学士
5		5		短周期学习		
4		4				
3		3				
2		2				
1		1				

图 7.1　瑞士国家资格框架与欧洲资格框架的关系

瑞士宪法规定，国家有义务确保普通教育和职业教育途径具有同等价值和社会认可度。瑞士职业教育国家资格框架与瑞士高等教育国家资格框架的连通促进了两个教育体系的互补性，两个框架可以单独开发制定，彼此又相互协调。

第二节　瑞士职业教育国家资格框架的开发与实施

一、瑞士职业教育国家资格框架的目标

2014 年 8 月，瑞士联邦委员会颁布了瑞士《职业教育和培训国家资格框架条例》，该条例以《联邦职业教育法》第 34 条和第 65 条为基础，于 2014 年 10 月 1 日正式生效。这一条例为瑞士职业教育资格对应至国家资格框架，以及起草相应证书和文凭的附录提供了基础。每项中等职业教育资格都会颁发证书附录，每项高等职业教育资格都会颁发文凭附录。

证书附录是与中等职业教育资格一起颁发的解释性文件，文凭附录是与高等职业教育资格一起颁发的解释性文件，两者均包含了瑞士和国外的潜在雇主可用于评估资格持有者技术能力的信息，描述了资格持有者能够做什么。

瑞士职业教育国家资格框架、证书附录和文凭附录旨在提高瑞士职业资格的透明度和可比性。为了与欧洲资格框架保持一致，瑞士职业教育国家资格框架要实现以下目标：首先，充分反映瑞士职业教育体系，从而提高瑞士职业资格相对于欧洲资格的透明度、清晰度和可比性；其次，促进全社会对职业教育与普通教育的同等重视和认可；第三，推动瑞士国内外教育与劳动力市场的互动与协调，促进雇主了解瑞士职业教育领域毕业生和具有欧洲资格毕业生的能力，以满足劳动力市场的需求；第四，通过提高资格的透明度，增加在瑞士接受教育的技术工人和管理人员在国外或在瑞士的外国企业中就业的机会，从而提高他们的工作流动性。

由于联邦政府负责瑞士的职业教育部门，因此在整个过程中，职业教育国家资格框架的建设责任由瑞士教育科研与创新国务秘书处承担，包括准备条例的生效和实施，以及后期将职业资格和资格框架进行对接。

根据瑞士职业教育合作原则，各州、行会组织及高等职业教育和培训机构参与瑞士职业教育国家资格框架的制定和实施。资格框架确保了高等教育部门的相关人员随时了解框架的实施发展情况。

二、瑞士职业教育国家资格框架的建设背景

（一）框架的开发与修订

在瑞士，职业教育国家资格框架是根据《职业教育和培训国家资格框架条例》实施的。瑞士教育科研与创新国务秘书处负责资格框架和相关条例的制定和实施，还以国家资格框架专家机构的身份担任欧洲资格框架的国家联络点，向授予机构和其他利益相关者提供所有必要的信息，与职业教育相关合作伙伴和其他利益群体协调统一。

2010 年底和 2011 年初，原联邦职业教育和技术办公室委托编写了三份关于建立包含等级和描述符在内的瑞士职业教育国家资格框架的专家报告，以促进教育体系中各部门之间的关系。瑞士 2011 年召开了职业教育合作伙伴的圆桌会议，瑞士工商业综合组织的成员、职业教育行会组织的代表，以及联邦职业教育和培训委员会（Federal Commission for Vocational and Professional Education and Training，FCVPET）的成员都参加了会议，由专家报告形成的瑞士职业教育国家资格框架草案被提交。所有与会者都对职业教育国家资格框架、证书附录或文凭附录的优势表示认可，普遍接受这一框架的使用，框架开发的初步工作得到了普遍的积极反馈。在此基础上，联邦职业教育和技术办公室制定了关于《职业教育和培训国家资格框架条例》的草案。

2012 年，框架条例草案进入咨询阶段，从各州、行会组织、大学校长会议和其他相关方收到了多份关于对范围进行变更、将职业教育资格纳入国家资格框架、文凭附录和证书附录的办法等方面的建议。根据反馈意见，原联邦职业教育和技术办公室对草案进行修订，并于 2013 年在第二次圆桌会议上对草案进行了修改和整合。2014 年，瑞士教育科研与创新国务秘书处启动了三个试点项目，以检验职业资格证书与职业教育资格框架的对应流程。

（二）资格对应过程

职业教育资格证书与国家资格框架等级的对应是根据职业教育多方合作

来设计的。首先，由资格授予机构（包括行会组织、在高等职业教育和培训项目中与行会组织合作的高等专科学校）根据资格所述的能力编制国家资格框架等级建议；其次，由外部能力中心，即瑞士联邦职业教育和培训学院负责验证资格对应的一致性；最后，由瑞士教育科研与创新国务秘书处作出资格对应的决定。这一过程使授予机构能够利用其资格方面的知识，确保教育体系内的一致性，并为等级的广泛对应奠定了坚实的基础。

（三）框架的试点

为了更好地改进并发展职业教育国家资格框架设计，原联邦职业教育和技术办公室于 2011 年对大约 60 项资格进行了内部对应试点工作，作为开发职业教育国家资格框架和资格对应的重要组成部分。2014 年，瑞士教育科研与创新国务秘书处对信息通信技术业、酒店餐饮业和乳品业这三个行业进行了试运行。试运行旨在测试具体的对应方法，以及授予机构提供指导方案的清晰度，作为在资格对应、制定证书附录和文凭附录时的指南。根据授予机构的反馈意见，对证书附录和文凭附录的指南、提案表格和模板等又进行了修订和改进。

三、瑞士职业教育国家资格框架的实施

在瑞士职业教育国家资格框架实施之初，资格证书是一项一项被对应到资格框架等级中的。然而经验表明，某一类型的大多数资格都与同一级别相对应。自 2016 年以来，行会组织有两种选择：申请简化的资格认证或寻求个性化的资格认证。简化的资格认证是基于瑞士教育科研与创新国务秘书处提出的一种资格类型的标准等级来对应资格证书，即为每种类型的资格证书提出了一个标准参考等级：联邦中等职业教育资格证书（2 年制职业教育和培训项目）对应于 3 级，联邦中等职业教育文凭（3 年或 4 年制职业教育和培训项目课程）对应于 4 级，联邦专业证书（联邦职业考试）对应于 5 级，联邦文凭（高等专科学校正规学习课程）对应于 6 级，联邦文凭（联邦高等专业考试）对应于 6 级。这种方法大大减少了行会组

织提交认证申请的工作量。行会组织如果认为某一特定资格在国家资格框架中应被对应到更高等级，则可以请求对该特定资格进行单独分级。在这种情况下，等级基于每个资格描述的学习结果进行调整，并考虑到每个职业的具体情况。教育科研与创新国务秘书处需要与所有利益相关者密切合作，才能就特定资格的等级达成共识。

教育科研与创新国务秘书处保留了一份瑞士职业教育国家资格框架对应的所有资格证书的清单，这个清单在每年 1 月和 7 月进行更新。一旦将指定资格证书添加到这个清单中，即完成了这个资格证书和资格等级的对应关系，将被正式纳入国家资格框架中。

截至 2024 年 1 月，在所有正式的中等职业教育和高等职业教育资格证书中，已有 687 个证书被纳入不同等级，其中 270 个中等职业教育资格证书对应到 3 级和 4 级，18 个中等职业教育资格证书对应到 5 级，394 个高等职业教育资格证书对应到 5—7 级，还有 5 个高等职业教育资格证书对应到 8 级。[①] 这一资格对应工作目前还在持续进行中。

四、职业教育资格与国家资格框架的结构

根据瑞士职业教育体系的逻辑，以及原联邦职业教育和技术办公室在资格对应过程中获得的经验，国家资格框架中各级别的职业教育资格证书分布如图 7.2 所示。

瑞士职业教育资格证书是随着时间的推移不断发展起来的。以前的行会提供培训，以确保年轻一代获得继续从事某一职业的技能。在那个时候，"大师"是任何专业领域所能达到的最高资格。之后，资格证书持续发展，但原则保持不变：联邦高等专业考试授予的联邦文凭相当于过去的硕士学历，仍然是专业领域所能获得的最高资格。高中阶段的学历（即联邦中等职业教育资格证书或联邦中等职业教育文凭）低于高等教育阶段的学历（即联邦专业证书、高等专科学校文凭和联邦文凭）。根据《职业教育和培训条例》的规定，联邦文凭的资格等级高于联邦专业证书等级。

---

① 资料来源于瑞士联邦法律网站。

NQF-VPQ 等级	职业教育资格类型				EQF 等级
8				联邦文凭（联邦高等专业考试）	8
7					7
6		联邦专业证书（联邦职业考试）	高等专科学校文凭		6
5	联邦中等职业教育文凭				5
4					4
3	联邦中等职业教育资格证书				3
2					2
1					1

图 7.2　瑞士职业教育根据国家资格框架进行的学历分级

　　下面的例子可以说明在相同专业领域内的资格证书可能分布在国家资格框架的多个等级上。以餐饮行业为例，厨房员工获得的联邦中等职业教育资格证书对应到国家资格框架中的 3 级，而膳食厨师获得的联邦中等职业教育文凭对应到国家资格框架中的 4 级。在同一职业的高等职业教育和培训中，餐饮运营经理获得的联邦专业证书对应到 6 级，而餐饮经理获得的联邦文凭对应到了 7 级。

　　由此可见，在每个行业部门的资格框架中，资格已按逻辑顺序进行了排列，具有相同头衔的资格并不一定对应到相同的资格等级上。

第三节　瑞士职业教育国家资格框架的核心内容

　　瑞士职业教育国家资格框架中的资格等级与欧洲资格框架中的资格等级存在明确的联系。欧洲资格框架的等级和描述是制定瑞士职业教育国家资格框架的基础。瑞士职业教育国家资格框架与欧洲资格框架一样分为 8 个等级，在描述上虽然个别地方已根据瑞士的职业教育体系进行了术语上的调整，但总体上对维度的描述与欧洲资格框架非常相近。

一、瑞士职业教育国家资格框架中的资格等级描述

（一）资格框架的等级

瑞士职业教育国家资格框架是一个由 8 个等级组成的网络，职业教育体系的所有正式资格都对应于这 8 个等级，每个等级以能力为导向进行描述。在框架开发过程中，瑞士决定其国家资格框架应与欧洲资格框架具有相同的等级数，以便直接进行比较。如同在欧洲资格框架中一样，等级 1 表示最低级别，等级 8 表示最高级别。

在瑞士高等教育国家资格框架中，仅有表示普通高等教育资格的 1—3 级，对应于学士、硕士和博士。而在设计职业教育国家资格框架级别描述时，为了与瑞士高等教育国家资格框架对接，同时又避免与高等教育国家资格框架发生冲突，因此采用 6、7、8 级对应高等职业教育资格。

（二）等级描述符

资格框架的具体化通过对学习成果的详细描述，即等级描述符来实现。学习成果反映了个体在完成学习后应当知道什么以及可以做什么，将学习者的能力水平置于根本位置。知识（Knowledge）、技能（Skill）和能力（Competence）这三个描述符是专门针对瑞士中等和高等职业教育和培训来定义的。

基于等级的描述符遵循以下原则：

（1）在瑞士，职业教育与普通教育具有同等价值，但又有所不同。依据瑞士宪法，瑞士联邦政府和各州政府对普通教育和职业教育给予平等的社会认可。

（2）实践经验是瑞士职业教育体系的核心要素，必须适当加以考虑。学生在职业教育和培训期间累积的实际职业经验应转化为相应的能力。

（3）在国家资格框架中，相同性质的资格证书不一定对应于同一级别，因此瑞士采用了欧盟建议的以学习成果为导向的方法，具体反映在专业能力方面。

职业教育国家资格框架的设计和开发参照了欧洲资格框架，采用了分类模型的方法。首先，在参考文件（包括《职业教育和培训条例》、联邦考试的考试规则和高等专科学校课程的核心教学大纲）中搜索由瑞士职业教育关键词组成的短语，这些短语需要纳入国家资格框架中。这些关键词描述了瑞士职业教育体系的基本特征，最终形成一个词汇网络。其次，在知识、技能和能力的每个类别中各定义一个问题，该问题用于将关键词对应到一个具体类别，例如：

知识类别：他学到了什么？

技能类别：他能做什么？

能力类别：他是如何做到的？

之后，确定关键词的复杂性，具体反映在资格框架的等级上。随后，这一初步构建的资格框架在人约 60 个职业教育资格上进行了测试，并不断进行修订。表 7.1 显示了瑞士职业教育国家资格框架的分类模型。

表7.1 瑞士职业教育国家资格框架分类模型 [①]

分类步骤	知识	技能	能力
	说明性水平	程序性水平与感觉运动水平	工作环境、表现和元认知水平
各类别的简要定义	第一步：他学到了什么？与陈述性学习有关的知识：工作或学习领域中的所有事实、原则、理论和定义。 • 事实性知识 • 理解	第一步：他能做什么？技能是指运用知识来执行任务和解决问题的能力。 • 程序性技能 • 感觉运动技能	第一步：他是如何做到的？在工作中持续和常规地运用知识和技能。 • 专业能力 • 个人能力（社交能力、自主性、领导能力）

---

① 资料来源于欧盟网站。

分类步骤	知识	技能	能力
	说明性水平	程序性水平与感觉运动水平	工作环境、表现和元认知水平
某一等级上的专业性（就业能力、实践导向）	第二步：定义知识的复杂性 • 要想从事这一职业，需要哪种深度的知识和理解？ • 知识在特定环境中的运用可达到什么程度？	第二步：定义将技能转化为行动的复杂性 • 在哪种程度上使用了工具或解决程序？ • 这个技能是只在特定领域使用，还是在特定领域和一般领域都可以使用？	第二步： 专业能力 • 在专业环境下确定日常工作的复杂性，哪些方面需要的专业经验可被视为具有实用价值？ • 需要哪些具体的实践经验？ 个人能力 • 在工作环境中如何独立地操作技能？ • 在工作环境中需要多少指令？ • 在工作环境中要承担多少责任？ • 具体内容是以哪种形式传达的？ • 这些内容传达给哪些目标受众？ • 使用哪些工具来传达内容？

二、等级描述符的说明

（一）多类别构建等级标准

1. 知识

"知识"一词的定义与欧洲资格框架中的定义相同，指"工作或学习领域中的所有事实、原则、理论和定义"。在瑞士职业教育国家资格框架中，知识又细分为事实性知识（Factual Knowledge）和理解（Understanding）。事实性知识与用语言表达的理论、概念、事实或描述有关。将知识划分为"事实性知识"和"理解"，源于布鲁姆[①]（1956）设计的认知领域教育目标分类法。

知识是一种在相似情境中信息的再生产。在职业教育的背景下，知识意味着信息、术语或理论的再生产，例如罗列并了解事实和规则。而理解是通过实例说明信息、术语或理论的含义的能力，是对知识的应用，即可以向非专业人士解释特定信息、术语或理论的含义。大多数职业学校都教授这种水平的知识。

2. 技能

"技能"一词的定义也与欧洲资格框架中的定义相同，即"运用知识来执行任务和解决问题的能力"。在这个层次上，解决问题是一个快速的而非艰巨的过程，因此技能适合处理日常情况。与欧洲资格框架不同的是，瑞士国家资格框架没有将技能分为认知技能（包括逻辑、直觉和创造性思维）与实践技能（包括方法、材料、工具和仪器的灵活性使用），而是将其描述为程序性技能（Procedural Skills）和感觉运动技能（Sensorimotor Skills）。程序性技能和感觉运动技能是实践能力的体现，日常任务中总是包含这两类技能。

程序性技能，是日常行为所遵循的认知程序，由"如果……那么……"的规则组成，包含了所有的认知行为程序，使我们能够例行执行多种日常任务，而不需要对行为保持高度关注。感觉运动技能是处理和使用材料、方法、工具和仪器的熟练程度，可以指导自动化的活动，这些活动通过对环境的感觉反馈进行调整。

3. 能力

瑞士职业教育国家资格框架中的"能力"是包含多种能力在内的"能力类别"，既包含专业能力（Professional Competence）又包含个人能力（Personal Competence），其中个人能力可划分为社交能力（Social Skills）、自主性（Autonomy）和领导能力（Leadership Competence）。与欧洲资格框架对能力

---

① Bloom，B. et. al. Taxonomy of educational objectives. The classification of educational goals（Handbook Ⅰ：cognitive domain）. New York: Longmans Green，1956.

的定义相同，能力与"在工作中持续和常规地运用知识和技能"有关。对某一动作或技能的频繁重复会使一系列的动作成为习惯，个人通常依靠过去的经验来解决问题，可以确保事情以相同的方式完成，以防错误发生。

专业能力包括运用执行特定活动所需的理论和概念，也包括通过以实践经验的形式应用知识和技能而获得的隐性知识。具体而言，专业能力包括在工作中通过反复使用技能而获得的切实的专业实践经验。

个人能力包括社交能力、自主性和领导能力，以及特定情况下的行为和反应。这些能力具体包括独立规划、执行和检查与工作相关活动的能力，以及反思和提高个人技能的能力。个人能力描述了工作环境中的多种行为方式。其中，社交能力包括个人在与他人打交道时能够根据情况采取适当行动的知识和能力，表现了对个人在特定职业中合作和处理冲突的能力的要求。自主性是反映一个人对世界，尤其是对工作中的技能和态度的看法，包括工作意愿、耐力、可靠性、承诺、态度和价值观。而领导能力体现在一个组织中担任高级职位的人员成功完成领导任务的能力，如对员工的计划、组织、领导和控制。

（二）描述指标的复杂性随等级递增

瑞士职业教育国家资格框架中描述指标的复杂性反映在从第 1 级到第 8 级水平的增长中，下面以"能力"类别中的"专业能力"子类别为例具体阐述，见表 7.2 所列。

表 7.2　对专业能力的描述

级别	专业能力具体描述
1 级	在企业或类似环境中拥有初步的实践经验，可以从中获得进一步的知识和技能。可以按照指示进行工作
2 级	从最初的工作中汲取经验，能够运用这一等级的必要知识和技能，在企业内开展有组织、有计划的工作。可以按照指示进行工作
3 级	从工作中汲取经验，能够运用这一等级所需的知识和技能，确保自己在企业内成功应用工作技术，并完成基本工作流程。自己可以完成部分工作
4 级	从工作中汲取经验，能够运用这一等级所需的知识和技能，确保自己在企业内的工作流程顺利运行。可以独立完成工作，并能够监督他人的日常工作

级别	专业能力具体描述
5级	从工作中汲取经验，能够运用这一等级所需的知识和技能，确保自己在企业内的工作流程顺利运行。可以独立完成工作，或采用有策略性的活动形式进行工作。能够监督和指导他人的日常工作
6级	凭借丰富的工作经验，能够运用这一等级所需的知识和技能，确保自身工作流程的顺利运行，并在企业内产生战略性成果。可以独立完成工作，或采用有策略性的活动以及咨询的形式进行工作。能够处理复杂的技术活动和项目，并作出重要决策
7级	凭借丰富的工作经验，能够运用这一等级所需的知识和技能，确保自身工作流程的顺利运行，并在企业内产生战略性成果。工作可以作为复杂工作流程的一部分，以管理和咨询活动的形式进行，并有助于业务的进一步开展或工作流程的改进。能够对复杂的、不可预见的活动和项目进行规划，并采取新的战略方法
8级	凭借广泛且丰富的工作经验，能够有针对性地使用这一等级所需的必要知识和技能，确保自身工作流程的顺利运行，并在企业内产生战略性成果。工作可以作为一个或多个复杂工作流程的一部分，以管理和咨询活动的形式进行，并有助于业务的进一步开展或工作流程的改进

从表 7.2 可以看出，随着专业能力等级的递进，个人在工作中呈现出专业实践经验日益丰富、运用技能处理复杂多变的工作任务的能力逐渐增强的趋势。专业能力可以从实践经验的获得、工作融入的深浅、担任职务的不同等几方面来体现。

1. 实践经验的分级

实践经验的积累始于第一次获得实践经验（1级）的机会，例如完成义务教育后的过渡课程、学徒期之前的实践等形式，然后是初步的工作经验（2级）和工作实践经验（3—5级），这些经验主要从双元制学徒培训中获得，分别持续 1—2 年或 3—4 年。通过更高等级的资格认证可以获得掌握多种技能的工作经验（6—7级），例如参与高等职业教育，而最高等级的实践被指定为"广泛且丰富的工作经验"（8级）。

2. 工作融入的分级

员工对工作过程的融入越深，其在工作中承担的实质性责任就越大。

处于1级的员工还不能被描述为融入工作过程，直到2级才开始融入。参与组织过程可以有多种形式，处于2级的员工可以有组织、有计划地参与工作，处于3级的员工能够在企业中成功应用工作技术并掌握基本工作流程，处于4级和5级的员工能够运用熟练的工作技术，确保工作过程的顺利运行，而处于6—8级的员工在工作顺利运行的基础上，最终可以形成战略性和有针对性的活动。

3. 担任职务的分级

员工在工作中担任的职务取决于个人的专业能力。在1级和2级，员工的工作是根据领导指示完成的；在3级和4级，员工自己可以在某些情况下独立完成工作；到了5级，员工可独立完成战略性的活动，同时能够监督和指导他人的日常工作；在6级，员工开始参与咨询活动，能够处理复杂的技术活动和项目，并作出重要决策；到了7级，员工能够对复杂且不可预见的活动和项目进行规划，并采用新的战略方法；最后到8级，员工个人能够在一个或多个复杂工作流程中从事管理和咨询活动，提供建议并发挥领导作用。这些活动是员工职能的重要组成部分。从担任职务这一角度可以看出，个人为组织的进步和工作流程的改进作出了重大贡献。

三、瑞士职业教育国家资格框架与欧洲资格框架的比较

瑞士职业教育国家资格框架与欧洲资格框架等级描述符的对接反映了两者之间的对应关系和不同之处。瑞士职业教育国家资格框架使用的描述比欧洲资格框架中更为详细。由于前者是一个只涉及中等职业教育资格和高等职业教育资格的资格框架，因此包含了关于职业教育的特定描述。由于两个框架有着相同的等级和类别，因此可以对两者进行比较。与欧洲资格框架不同的是，瑞士职业教育国家资格框架具有子类别，知识类别分为事实性知识和理解，技能类别分为程序性技能和感觉运动技能，能力类别分为专业能力和个人能力。这些子类别为资格框架提供了结构，有助于进行比较。表7.3所列为瑞士职业教育国家资格框架与欧洲资格框架在等级描述符方面的比较。

表 7.3　瑞士职业教育国家资格框架与欧洲资格框架

在等级描述符方面的比较 [①]

等级	知识	技能	能力
NQF-VPQ 1 级	事实性知识：具备关于工作或学习环境的基本知识和基本的普通教育知识	程序性技能：能够在一定程度上识别特定领域的基本标准化任务	专业能力：在企业或类似环境中拥有初步的实践经验，可以从中获得进一步的知识和技能。可以按照指示进行工作
	理解：理解工作或学习环境中基本的、一般的相关性，并能够用自己的话进行解释	感觉运动技能：能够使用特定的技术辅助工具和仪器，根据特定的操作指南解决特定领域的基本标准化任务	个人能力：自主性：能够在业务环境或类似环境中将必要的知识和技能应用于明确指定的任务，并遵守指南中的规定。社交能力：能够根据当前情况调整自己的行为并与他人进行适当互动，能够在团队中工作，并以口头和书面形式传达信息
EQF 1 级	基本常识	具备执行简单任务所需的基本技能	在有组织的环境中，且在直接监督下工作或学习
NQF-VPQ 2 级	事实性知识：具备关于工作或学习环境的基本知识和基本的普通教育知识	程序性技能：能够根据操作指南在一定程度上识别和处理特定领域的标准化任务	专业能力：从最初的工作中汲取经验，能够运用这一等级的必要知识和技能，在企业内开展有组织、有计划的工作。可以按照指示进行工作
	理解：理解特定工作或学习环境中的一般相关性，并能够用自己的话进行解释	感觉运动技能：能够使用特定的技术辅助工具和仪器，根据操作指南在非常熟悉特定领域的情况下解决标准化任务	个人能力：自主性：能够在一定程度上独自将必要的知识和技能应用到特定领域的指定任务中，能够协助规划特定领域内的简单任务，并按照指南中的规定执行这些任务。社交能力：能够根据当前情况调整自己的行为并与他人进行适当的互动，能够在团队中工作，并以适当的形式通过口头和书面传达特定领域的简单信息

---

① 资料来源于瑞士联邦法律网站。

等级	知识	技能	能力
EQF 2 级	工作或学习领域具备的事实性知识	具备使用相关信息执行任务、使用简单的规则和工具解决日常问题时所需的基本认知和实践技能	在监督下工作或学习，有一定的自主权
NQF- VPQ 3 级	事实性知识： 具备关于工作或学习环境的知识和普通教育知识	程序性技能： 能够识别特定领域的任务。能够根据操作指南和已知的问题解决策略来执行任务	专业能力： 从工作中汲取经验，能够运用这一等级所需的知识和技能，确保自己在企业内成功应用工作技术，并完成基本工作流程。自己可以完成部分工作
	理解： 理解特定工作或学习环境中的相关性，并能够用自己的话进行解释	感觉运动技能： 能够使用特定的技术辅助工具和仪器，根据操作指南在熟悉特定领域的情况下解决标准化任务	个人能力： <u>自主性</u>：能够在一定程度上独立将必要的知识和技能应用于特定领域。在特定领域内，能够分担简单任务的责任，并遵守指南中的规定。 <u>社交能力</u>：能够根据当前情况和他人的需求调整自己的行为，能够在团队中工作，并以适当的形式通过口头和书面传达特定领域的信息
EQF 3 级	了解工作或学习领域的事实、原则、过程和一般概念	具备通过选择和应用基本方法、工具、材料和信息来完成任务和解决问题时所需的一系列认知和实践技能	负责完成工作或学习任务，解决问题。使自己的行为适应环境
NQF- VPQ 4 级	事实性知识： 对工作或学习环境以及普通教育有更深入的了解，还能够自学特定的技术知识	程序性技能： 能够识别特定领域的任务。能够根据操作指南或通过使用已知的问题解决策略来执行任务	专业能力： 从工作中汲取经验，能够运用这一等级所需的知识和技能，确保自己在企业内的工作流程顺利运行。可以独立完成工作，并能够监督他人的日常工作

等级	知识	技能	能力
NQF-VPQ 4级	理解: 理解特定工作或学习环境和相关主题的相关性,并能够用自己的话进行解释	感觉运动技能: 能够根据操作指南或者借助已知方法或工具,在熟悉特定领域的情况下,使用特定的技术辅助工具和仪器解决特别困难的任务。能够使用基本的沟通方式	个人能力: 自主性:能够独立在特定领域应用必要的知识和技能。在特定领域内,能够承担明确定义的任务并处理不断变化的需求。 社交能力:能够根据当前情况和他人的需求调整自己的行为,能够在团队中工作,并以适当的形式通过口头和书面传达特定领域的信息。 领导能力:能够向其他员工展示如何在给定的工作环境中执行一组特定的任务
EQF 4级	在工作或学习领域的广泛背景下的事实性和理论性知识	具备为工作或学习领域的特定问题提供解决方案时所需的一系列认知和实践技能	在通常可预测但可能发生变化的工作或学习环境中,在指导下进行自我管理。监督他人的日常工作,对工作或学习活动的评估和改进承担一定的责任
NQF-VPQ 5级	事实性知识: 在重要工作领域和更深入的普通教育领域具备广泛的知识,还能够自学特定的技术知识	程序性技能: 能够识别和分析特定领域的任务。能够根据操作指南或通过使用已知的问题解决策略来执行任务	专业能力: 从工作中汲取经验,能够运用这一等级所需的知识和技能,确保自己在企业内的工作流程顺利运行。可以独立完成工作,或采用有策略性的活动形式进行工作。能够监督和指导他人的日常工作
	理解: 理解特定工作环境内部或外部的相关性,并能够用自己的话进行解释	感觉运动技能: 能够根据操作指南或者在已知方法或工具的帮助下,适当地准备和使用特定的技术辅助工具和仪器,解决特定领域中各种情况下相当困难的任务。能够正确使用基本的沟通手段,并能提供特定领域的信息	个人能力: 自主性:能够独立在特定领域应用必要的知识和技能。在特定领域内,能够承担任务并处理不断变化的需求。 社交能力:能够反思自己的角色,使自己的行为适应当前的情况和他人的需求;能够在团队中工作,并以准确和适当的形式通过口头和书面传达特定领域的信息。 领导能力:能够在给定的工作环境中管理多个特定活动领域的员工

等级	知识	技能	能力
EQF 5级	工作或学习领域内的综合的、专业的事实性和理论性知识，以及对该知识边界的认识	具备对抽象问题提出创造性解决方案时所需的全面认知和实践技能	在不可预测的工作或学习活动中进行管理和监督。审视自己和他人，并不断提升个人和他人的工作表现
NQF-VPQ 6级	事实性知识： 在所有重要工作领域和更深入的普通教育领域具备先进的知识，还能够自学特定的技术和跨学科知识	程序性技能： 能够识别、分析和评估特定领域的复杂任务。能够根据操作指南或通过使用已知的问题解决策略来执行任务	专业能力： 凭借丰富的工作经验，能够运用这一等级所需的知识和技能，确保自身工作流程的顺利运行，并在企业内产生战略性成果。可以独立完成工作，或采用有策略性的活动以及咨询的形式进行工作。能够处理复杂的技术活动和项目，并作出重要决策
	理解： 理解特定工作环境内部或外部的相关性，并能够看到与主题相关领域的联系	感觉运动技能： 能够借助合适和已知的方法或工具，适当地准备和使用特定的技术辅助工具和仪器，解决特定领域各种情况下的困难任务。能够正确使用基本的沟通方式，并能展示特定领域的信息	个人能力： 自主性：能够独立应用特定领域和主题相关领域的必要知识和技能。在整个特定领域内，能够负责任务和流程，并处理不断变化的需求。 社交能力：能够反思自己和他人的角色，并在与他人打交道时自觉维护这些角色；能够在团队中工作，以准确、可理解和适当的形式通过口头和书面传达特定领域的信息。 领导能力：能够在给定的工作环境中管理多个活动领域的员工，对这些员工承担部分责任并为他们提供支持
EQF 6级	工作或学习领域中关于理论和原则的批判性理解的高级知识	具备在专业工作或研究领域解决复杂且不可预测的问题时所需的高级技能，显示出精通和创新能力	管理复杂的技术、专业活动或项目，在不可预测的工作或学习环境中负责决策。负责管理个人和团体的专业发展

等级	知识	技能	能力
NQF-VPQ 7 级	事实性知识： 在所有重要工作领域以及广泛的普通教育领域具备先进、扎实和详尽的知识，能够自学特定的技术和跨学科知识	程序性技能： 能够识别、分析和评估给定跨学科领域的复杂任务。能够根据操作指南或通过使用合适、创新的问题解决策略来执行任务	专业能力： 凭借丰富的工作经验，能够运用这一等级所需的知识和技能，确保自身工作流程的顺利运行，并在企业内产生战略性成果。工作可以作为复杂工作流程的一部分，以管理和咨询活动的形式进行，并有助于业务的进一步开展或工作流程的改进。能够对复杂的、不可预见的活动和项目进行规划，并采取新的战略方法
	理解： 理解特定工作环境或者分支内部或外部的复杂关联，能够看到与主题相关或不相关领域的跨学科联系	感觉运动技能： 能够适当地准备和使用特定的技术辅助工具和仪器，基于合适的、有时完全新颖的方法或工具，在主题相关领域的每种情况下解决非常困难和具有挑战性的任务。能够充分利用各种沟通手段，呈现特定领域的复杂信息	个人能力： 自主性：能够独立、认真地在具有挑战性的领域和主题相关领域应用必要的知识和技能。能够承担日益复杂的任务和流程，并处理不断变化的需求。 社交能力：能够反思自己和他人的角色，明确这些角色，并在与他人打交道时自觉维护这些角色。能够在团队中工作，以准确、可理解和适当的形式通过口头和书面传达特定领域的复杂信息，并对接受者产生预期的影响。 领导能力：能够在给定的工作环境中管理某个活动领域的员工，完全承担起对这些员工的责任，并以有针对性的方式为他们提供支持
EQF 7 级	以高度专业化的知识（其中一些是工作或学习领域的前沿知识）作为原始思维和研究的基础。对某一领域以及不同领域之间的知识问题有批判性认识	在研究和创新中需要专业的解决问题的能力，以开发新的知识和程序，并整合来自不同领域的知识	管理和转变复杂的、不可预测且需要新战略方法的工作或学习环境。负责为专业知识和实践作出贡献和审查团队的战略绩效

等级	知识	技能	能力
NQF-VPQ 8级	事实性知识： 在所有工作领域和广泛的普通教育领域具备先进、扎实、专业、详尽和系统的知识，能够自学特定的技术和跨学科知识	程序性技能： 能够充分认识、分析和评估特定跨学科领域复杂且极具挑战性的任务。能够根据操作指南或通过适当、创新的问题解决策略来执行任务，并作出相关预测或建议	专业能力： 凭借广泛且丰富的工作经验，能够有针对性地使用这一等级所需的必要知识和技能，确保自身工作流程的顺利运行，并在企业内产生战略性成果。工作可以作为一个或多个复杂工作流程的一部分，以管理和咨询活动的形式进行，并有助于业务的进一步开展或工作流程的改进
	理解： 理解特定工作环境或者分支内部或外部的复杂关联，能够看到与复杂主题相关或不相关领域的跨学科联系	感觉运动技能： 能够适当地准备和使用特定的技术辅助工具和仪器，基于合适的、完全新颖的或创新的方法或工具，在主题相关领域的任何情况下解决新颖的、非常困难的和极具挑战性的任务。能够充分利用各种沟通手段，呈现特定领域的复杂和差异化信息	个人能力： 自主性：能够在一个特定的、极具挑战性的领域和与主题相关的领域中充分、认真地运用必要的知识和技能。能够承担复杂的任务和流程，并在整个极具挑战性的领域内处理不断变化的需求。 社交能力：能够反思和塑造自己和他人的角色，在与他人打交道时表现出负责的行为。能够在团队中工作，并在工作环境中战略性地运用自己的分析技能。能够以准确、易懂、合适和专业的形式，通过口头和书面形式传达特定领域的复杂和差异化信息，并对接收者产生预期的影响。 领导能力：能够在给定的工作环境中，管理处于高度挑战性活动领域中的员工。对这些员工完全负责，并有针对性地支持他们发挥个人的主动性
EQF 8级	处于工作或学习领域最前沿的知识以及领域之间的结合点	解决研究和创新中的关键问题，以及扩展和重新定义现有知识或专业实践所需的最先进和最专业的技能和技术，包括综合和评估	在工作或学习环境（包括研究）的前沿，展现出强大的权威性、创新性、自主性、学术性和职业操守，并持续致力于发掘新的想法或流程

四、瑞士职业教育国家资格框架是一个以"专业能力"为基础的框架

在瑞士职业教育体系中，学习成果以"专业能力"的形式来描述，体现在毕业生在学习过程结束时所具备的一切有助于未来工作的必要能力。鉴于瑞士职业教育体系的一个重要特点是注重能力，因此所有与职业教育和培训相关的法律文件都是以专业能力为导向的。瑞士教育科研与创新国务秘书处在整个国家资格框架制定的过程中，侧重对能力的关注与评估。在大多数情况下，与职业资格证书相关的法律文件中都描述了专业能力，这些文件构成了瑞士职业教育国家资格框架的基础。

（一）突出"专业能力"的资格简介

瑞士联邦政府批准行会组织为联邦专业证书和联邦文凭制定考试条例。考试条例规定了参加考试的条件、资格认证程序和相应的受法律保护的头衔，界定了通过考试应达到的专业能力，并对职业概况加以介绍。每项涉及中等职业教育的法律条例都规定了职业教育和培训的法定要素。资格简介定义了某一职业所需的等级，包括合格的从业人员想要胜任这一职业所必须具备的专业能力。资格简介是制定考试条例和指导方针的基础，包含用于评估和衡量专业能力的能力概述、基于专业能力的职业概况和绩效标准。资格简介是由行会组织根据对职业活动的分析，与相关专业的合格从业人员共同拟定的。

（二）两种构建"专业能力"的模型

瑞士职业教育关注能力的发展，并建立了"能力导向"模型和"能力－资源"模型来决定职业教育和培训计划中专业能力的构建。

1. "能力导向"模型

在"能力导向"模型中，学生需要获得的专业能力以专业能力领域、

每个领域中的专业能力和每个学习场所的绩效目标的形式进行描述（见图 7.3）。专业能力被描述为技术能力、方法能力、个人能力和社交能力。技术能力使专业人员能够独立胜任职业领域中的技术任务，解决技术难题。方法能力有助于专业人员以有序、有计划的方式处理任务，使得工具和设备得到正确的使用，问题得到有目的的解决。个人能力是人们对工作中技能和态度的表达，如可靠性、独立性、工作中的抗压性和学习倾向。而社交能力是人们在与他人互动时应用的所有个人技能和态度，包括团队精神、与他人合作的动机、热情等。

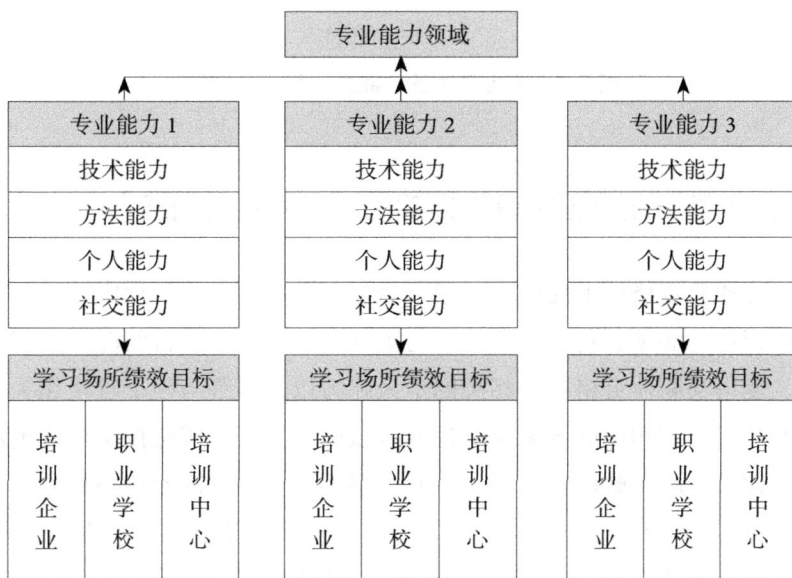

图7.3 专业能力的"能力导向"模型

2."能力－资源"模型

在"能力－资源"模型中，培训计划描述了学生需要学习的具体能力，以专业能力领域、具体专业能力和成功应对工作情境所需资源（知识、技能和态度）的形式进行描述（见图 7.4）。每个能力领域都包括与典型工作情境相对应的能力。这一模型描述了合格专业人员在不同工作情境中的预期行为。每项专业能力都包含了成功应对不同工作情境所需的知识、技能和态度。

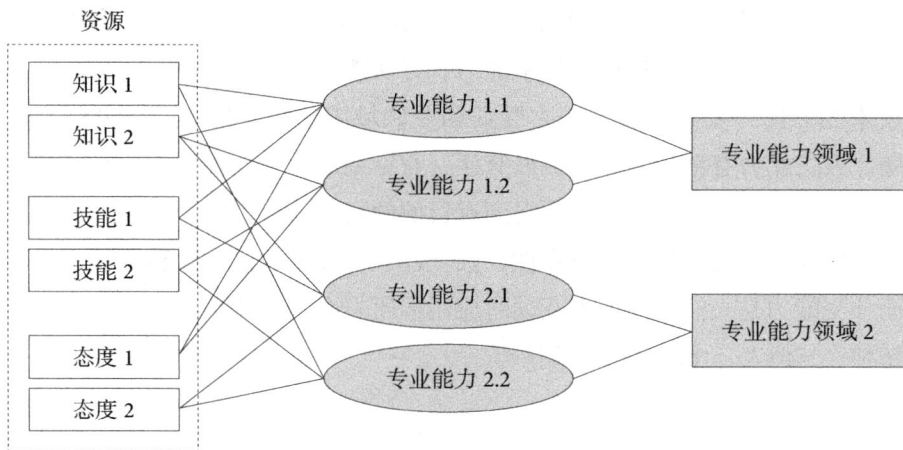

图 7.4 专业能力的"能力－资源"模型

（三）基于瑞士国家资格框架的"专业能力网络"

在将职业资格证书对应到国家资格框架某一等级的过程中，需要将个人获得资格所必须具备的专业能力与国家资格框架中包含的能力描述进行比较，使得与职业资格证书相关的个人能力以及最终与整个资格相关的能力，都被对应到相应的国家资格框架等级中。为了使资格授予机构更加容易进行比较，联邦政府起草了一个基于瑞士职业教育国家资格框架的专业能力网络，具体见表 7.4[1] 所列。该网络由《职业教育和培训国家资格框架条例》中抽象定义的 8 个等级组成，并使用了已用于描述瑞士中等和高等职业教育资格的术语。

专业能力网络提供了对给定专业能力的各个组成部分的额外描述，包括技术能力、方法能力、社交能力和个人能力。在等级 1—8 中，按照从左到右的升序描述各个等级，即随着专业领域的扩大，任务变得更加复杂，所需的能力水平越高，责任感也越强。这一网络更加详尽地展现了对专业能力及其涵盖的具体能力在不同等级上的剖析。

---

① 资料来源于欧盟网站。

表 7.4 基于瑞士职业教育国家资格框架的专业能力网络

NQF-VPET		1 级	2 级	3 级	4 级	5 级	6 级	7 级	8 级
专业能力		在可管理、稳定和结构化的活动领域执行简单任务。在监督下执行任务	在可管理、稳定和组织有序的活动领域正确地执行基本任务。主要在监督下执行任务	在不受监督的情况下，在一个易于管理且部分不太结构化的活动领域执行技术任务	识别并处理技术任务全面，在不断变化的活动领域	识别和分析复杂、专业化的不断变化的活动领域中的全面技术任务	在更广泛的工作环境中识别、分析和评估综合技术任务，问题和流程，其特点是复杂和变化频繁	处理新的复杂任务和问题，并且以频繁、不可预见特征和变化为特征的战略性工作环境中，承担管理流程的责任	在以新颖且极具挑战性的问题为特征的复杂活动领域，并开发创新的解决方案的流程，或收集研究新知识
技术能力	技术专长	对自己工作有简单的了解	在自己的工作中拥有基本的技术专长	在工作领域拥有更广泛的技术专长	在自己的工作领域拥有深入的技术专长，能够独立获得特定的技术知识	拥有自己工作领域和最重要相关职业的综合技术专长	在所有重要领域拥有全面和专业的技术专长，能够独立获得跨学科知识	在所有重要工作领域拥有坚实的战略技术专长	在所有工作领域拥有坚实、专业、系统和战略的技术专长
	语言、沟通和社会技能（LCS）	初级的 LCS	基本的 LCS	基本的 LCS	深度的 LCS	深度的 LCS	广泛的 LCS	综合的 LCS	综合的 LCS
	识别相关性	对自己的活动领域有基本的了解	了解自身活动领域的相关性	了解工作领域的相关性	了解工作领域，主题相关领域和分支中的相关性	了解分支内部和外部的复杂关系	了解分支中的复杂关联，并能够绘制跨字段的关系	了解分支机构中的复杂关系，并能够绘制相关领域的跨学科关联	了解分支机构内外部复杂的战略关联

NQF-VPET		1级	2级	3级	4级	5级	6级	7级	8级
处理任务和问题		在监督下执行简单目标准化的任务	按照既定规则执行基本的标准化的任务	在没有监督的情况下执行基本任务，并使用已知策略解决简单问题	计划和执行任务，并使用已知策略解决问题	在非常不同的情况下分析和处理全面的技术任务，并使用自己的策略解决问题	使用创新策略识别、分析和评估频繁变化的、复杂的任务和问题	分析并解决跨学科领域中复杂且具有挑战性的任务	从跨学科的角度，分析和评估具有极具挑战性的问题，作出预测和建议
方法能力	使用工作技巧、方法和工具	使用简单的工具和仪器	使用特定于职业的简单工具和仪器	使用特定于职业的工具和仪器	使用特定于职业的工具和仪器，并识别处理任务的替代方法	以有针对性的方式使用其他活动领域的工具和仪器来完成手头的任务	进一步开发现有的工具、仪器和方法	开发新的工作方法和策略	开发创新的方法和策略，以找到解决方案
	评估结果	一	按预先存在的基准评估结果	主要基于预先存在的基准评估结果	基于技术标准评估结果	建立技术标准并在此基础上评估结果	根据复杂标准分析和评估结果	根据复杂的标准分析、评估和开发结果	分析、评估和开发创新方法和策略，以找到解决方案
社交能力	与他人合作并执行管理任务	与他人合作	与团队中的其他人一起工作	与团队中的其他人合作并积极贡献	监督他人的日常任务，帮助规划和塑造工作流程	向其他人提供如何执行日常任务的说明，在团队中组织工作流程，承担团队的技术责任	管理专家小组，负责员工的职业发展	管理涉及复杂、跨学科和创新任务的专家团队。为员工提供有针对性的技术支持	管理涉及复杂和创新任务与跨学科的专家团队。为员工发展长期技术专长提供有针对性的长期支持

NQF-VPET		1级	2级	3级	4级	5级	6级	7级	8级
社交能力	与他人沟通	与他人进行口头和书面交流	以适当的方式简单的传达信息，并接受其他观点	根据当前情况与他人沟通并接受批评	根据当前情况与他人沟通，能建设性地处理批评并提出建设性的批评	以适合听众的方式沟通。当发生冲突时，能积极性寻求建设性的解决方案。介绍某个专业领域的信息	主动处理冲突并寻求建设性的解决方案	忍受紧张局势，寻求建设性解决方案。从个人的专业领域提供复杂的信息	针对各种紧张局势制定建设性的解决方案
个人能力	承担责任	在直接监督下工作	大多数情况下都会按照指示独立工作	独立工作，对自己的工作负责	独自计划和处理任务，并对自己的工作负责	在不断变化的工作环境中承担责任	在不断变化的工作环境中进行复杂活动并负责决策	在复杂且不可预测的工作环境中管理和规划活动	在复杂和创新的工作环境中管理和规划活动
	应对变化	在高度结构化和稳定的活动领域工作	在可管理、稳定和结构化领域活动领域工作	在可管理目的分结构化活动领域工作	在不断变化的活动领域工作。以开放和积极的方式处理变化	处理不断变化的需求	在不可预测的工作环境中工作	开发新的战略方法，旨在进一步发展企业并改进工作流程	制定战略和创新方法
	反省自己的行为	一	分析自己的行为	评估自己的行为	评估并证明过程和结果	评估、证明并改进流程和结果	分析、评估和改进流程	在自身职责范围内，从战略角度分析、评估和改进流程	比较、评估和改进创新方法

第八章
瑞士职业教育和培训的
国际合作

　　教育和劳动力的国际化给瑞士的职业教育体系带来了挑战，因此瑞士在多个层面采取了积极措施来应对这一挑战。为了进一步加强瑞士双元制职业教育和培训项目在国际上的地位，瑞士教育科研与创新国务秘书处与各州政府和行会组织协调采取相应措施。本章主要从瑞士教育、科研和创新的国际战略，以及瑞士职业技术教育培训国际合作项目和瑞士联邦职业教育和培训大学在国际合作中发挥的作用这几个方面进行阐释。

第一节　瑞士教育、科研和创新的国际战略

　　瑞士非常重视教育、科研和创新。教育是为人们带来独立且有意义的思想和行动的关键力量，科学研究是新知识的来源，创新是市场成功的基础。因此，教育、科研和创新是提升个人福祉和社会凝聚力，以及实现经济增长和全球可持续发展的基本要求。

国际合作和竞争是瑞士促进教育、科研和创新政策的组成部分。瑞士联邦委员会于 2010 年通过了提升瑞士教育、科研和创新的国际战略，2018 年对这一战略进行了修订和更新。更新后的战略更加关注创新、职业教育和培训以及数字化等主题，这些主题近年来在国际上具有重要意义。

该战略强调了瑞士教育、科研和创新活动对瑞士外交政策的重要性，并提高了这些活动在国外的知名度。例如，通过瑞士联邦外交部下辖的瑞士国家形象委员会（Presence Switzerland）组织或共同资助一些国际交流活动，以瑞士教育、科研和创新主题为特色，宣传瑞士的国家形象和国家品牌；或积极参与由国际组织和政府间国际机构组织的关于教育、科研和创新主题的活动。教育、科研和创新也日益成为瑞士在国际关系中形象和定位的重要组成部分。

职业教育和普通教育在瑞士教育体系中具有同等地位，它们都有自己的特点并且渗透性很强。选择职业教育课程的瑞士年轻人比例显著高于普通教育，可见高质量、强实践、以市场为导向的职业教育对年轻人有更大的吸引力。瑞士职业教育和培训还为专业融合及低青年失业率作出了重大贡献。瑞士职业教育的成功有赖于瑞士高标准的公立义务教育为儿童和青少年提供了职业未来所需的基本技能。还应该强调的是，在瑞士，企业的学徒培训不需要国家的财政支持，因为学徒为企业创造的收益往往显著超过企业的学徒培训成本。瑞士职业教育体系不论作为培训模式，还是作为财务模式，都有其重要的参考价值。

瑞士的高等教育在全球范围内从多个方面脱颖而出：在瑞士一流大学就读的学生中，超过一半的学生就读的是世界排名前 100 的顶尖大学（根据 2017 年软科排名）。在经合组织内，瑞士也是拥有博士学位比例最高的国家。此外，瑞士一流大学的师资和博士生都具有国际化的背景，各类高等教育机构的毕业生在劳动力市场上也备受追捧。

瑞士在科研和创新方面也占据全球领先地位，其决定性因素包括强有力的私营部门投资、高水平的竞争性科研经费、由科学参与者发起的基础研究和应用研究的悠久传统，以及建立和持续发展具有全球竞争力的研究基础设施、数据网络和中心。此外，促进研究机构、企业和初创企业发起的创新也是一个关键因素，因为这些企业致力于实现市场开发、多元化和可持续增长的目标。因此，瑞士经常被评为世界上最具创新力的国家。

为了构建与成员国和伙伴国的合作关系，欧盟于 2009 年制定了欧洲在普通教育及职业教育和培训领域的合作战略框架（ET 2020），并于 2017 年制定了到 2025 年建立欧洲教育区的方案。欧盟还可以为瑞士教育、科研和创新参与者发起的自下而上的举措提供有针对性的支持，以促进跨境教育合作或伙伴关系。

第二节　瑞士职业技术教育培训国际合作项目

一、瑞士职业技术教育培训国际合作项目的提出

瑞士教育体系具有极强的普适性，能够在不同教育途径中相互转换，形成恰当的解决方案，瑞士职业教育和培训在其中发挥了关键作用，但它的发展壮大靠的是高投入产出比的公私伙伴合作，以及帮助年轻人提升就业力。瑞士职业教育和培训的内容既能适应劳动力市场需求，又能支撑人们终身学习的诉求。

如今，越来越多的国外合作伙伴向瑞士寻求相关建议，同时瑞士也从这类国际合作中不断受益。于是，瑞士联邦发起了一项名为"瑞士职业技术教育培训国际合作项目（IC-VPET）"的战略。这一战略有三大目标，分别是：在国际范围内加强瑞士职业教育和培训，支持合作国家的经济和社会的发展，成功实现瑞士的国际定位。

为实现这些目标，瑞士国家层面几大联邦机构通力合作，在教育、经济和发展、移民、外交事务等多个政策领域展开国际合作（见图 8.1）。瑞士在教育、科研和创新方面的国际战略主要包括促进瑞士职业教育和培训的国际化特征，提高知识广度，促进国际知识和经验交流。其中，中等和高等职业资格的国际认可、职业教育体系中利益相关者的跨境流动是重点关注的问题，同时国际交流也有助于提高瑞士职业教育体系的培养质量。

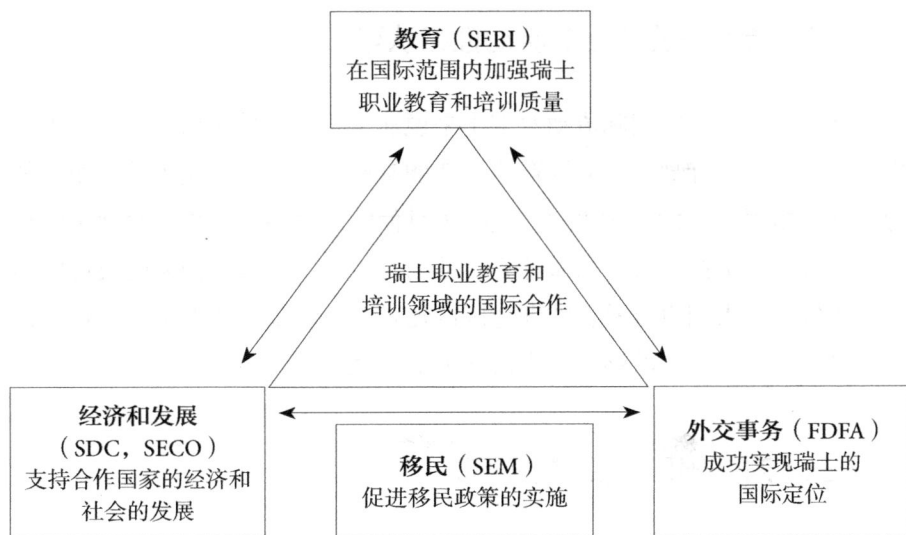

图 8.1 瑞士联邦机构在职业教育和培训领域国际合作中发挥的作用

（一）传播专业知识

瑞士的职业教育体系已经引起了国际上的广泛关注，通过双边和多边接触与合作举措，瑞士致力于促进职业教育领域专业知识的国际传播和交流。瑞士教育科研与创新国务秘书处接待了许多有兴趣进一步了解瑞士职业教育体系的外国代表团。与此同时，瑞士与拥有自己的职业教育体系或希望开发职业教育体系的国家持续保持对话关系。

教育科研与创新国务秘书处利用现有论坛或国家/国际合作伙伴创建的论坛来提高瑞士职业教育体系的知名度，并鼓励各利益相关者之间的互动。例如，2023 年 1 月，教育科研与创新国务秘书处在达沃斯世界经济论坛"瑞士之家"举办了一场专门针对职业教育和培训的年度活动，并参加了世界经济论坛的全球学习网络。此外，各种与瑞士职业教育相关的活动也会在国际活动中举办，例如 2022 年迪拜世博会、2022 年米兰设计周等。瑞士还会选派代表参加由欧盟组织的欧洲职业技能周以及其他活动。

（二）瑞士职业资格的流动性和认可

鼓励教育领域的国际流动对瑞士来说非常重要，瑞士以项目为基础积极参与欧盟教育计划。在欧洲资格框架的基础上，瑞士制定了瑞士职业教育国家资格框架（NQF-VPQ）。这一工具使欧洲雇主能够更清楚地了解瑞士职业资格证书持有者可以做什么，从而可以与其他欧洲国家的类似资格进行比较，让人们更容易在欧洲范围内比较和评价瑞士职业资格的价值，并促进瑞士劳动力在欧洲劳动力市场上的流动。

（三）对外国职业资格的认可

瑞士教育科研与创新国务秘书处认可许多外国高中职业资格证书和高等职业教育资格证书，这使得外国资格持有者更容易开展在瑞士的专业活动，从而促进其融入瑞士劳动力市场。在大多数情况下，认可是基于对颁发外国资格的国家的培训内容和结构的比较分析，这样做是为了确定外国资格是否等同于瑞士资格。教育科研与创新国务秘书处与瑞士行会组织和培训机构的密切合作，有助于确保资格认证的决定得到高度认可。

（四）通过国际组织推动瑞士职业教育国际合作

瑞士有可能运用其教育、科研和创新方面的专门知识，参与联合国、联合国教科文组织、经合组织和欧洲委员会等国际组织开展的跨国活动，以加深对国际层面职业教育和培训的了解。瑞士教育科研与创新国务秘书处代表瑞士在欧洲各机构中处理职业教育和培训相关事宜，这使得瑞士能够阐述其立场并交流其良好做法。同时，这种合作也催生了国际职业教育和培训项目。

（五）瑞士科技文化中心

瑞士极为重视开展国际科研合作。一方面，瑞士参加了大量的国际科研组织和科研计划；另一方面，瑞士也选定了一批"重点国家"，与它们开展双边科研合作。瑞士还在国外开设了瑞士科技文化中心（Swissnex），以便提高瑞士科研在国外的影响力。

瑞士科技文化中心是瑞士教育科研与创新国务秘书处提出的一项倡议，也是瑞士联邦外交部管理的联邦海外网络的一部分，是连接教育、研究和创新的瑞士全球网络。瑞士科技文化中心的活动以合作方式以及公私合作伙伴关系和融资为基础，使瑞士教育、科研和创新工作者能够有效地集中国际网络工作的优势，并致力于全球知识、思想和人才的交流。瑞士有着将科学合作政策与其伙伴国家的外交关系联系起来的悠久传统，向具有重要战略意义的国家派遣科学顾问使瑞士能够优先获得当地的信息和网络。职业教育和培训是瑞士科技文化中心在世界各地参加活动、会议和展览时经常提出的话题。

二、参与瑞士职业教育和培训国际合作的联邦行政机构

以下瑞士联邦机构将职业教育和培训国际合作项目纳入其战略指导方针和目标：教育科研与创新国务秘书处、联邦外交部（Federal Department of Foreign Affairs，FDFA）下属的政治事务局（Directorate of Political Affairs，DPA）、瑞士发展合作署（Swiss Agency for Development and Cooperation，SDC）、联邦经济事务总局（State Secretariat for Economic Affairs，SECO）和联邦移民局（State Secretariat for Migration，SEM）。这些机构的国际合作项目和活动得到了瑞士职业教育发展能力中心——瑞士联邦职业教育和培训大学的支持。各个机构通过在选定的国家开展职业教育和培训项目以及政策对话，为瑞士社会和经济的可持续发展作出贡献。

（一）瑞士教育科研与创新国务秘书处

瑞士教育科研与创新国务秘书处致力于瑞士教育和职业资格证书方面的国际合作，以及职业教育和培训方面的国际协作。主要负责瑞士联邦层面的职业教育和培训，与各州和行会组织合作，在国际范围内加强职业教

育体系的质量，也因此将主要关注点放在提升国际竞争力的方面，通过举办交流和互动项目，实现专业知识的传播和转化，提升国际上对瑞士职业教育体系学历资质的认可度，在国家和国际层面进一步促进和发展瑞士职业教育体系。

（二）瑞士联邦外交部政治事务局

瑞士的职业教育和培训值得国际社会给予更广泛的认可。普通教育途径和职业教育途径在其他国家也应被视为同等有效的途径。瑞士联邦外交部政治事务局支持瑞士教育科研与创新国务秘书处努力提高瑞士职业教育体系及其资格的国际认可度，并鼓励教育领域的流动性。瑞士联邦外交部政治事务局通过组织各类研讨会和宣讲会，向世界介绍和宣传瑞士的职业教育体系，打造瑞士的正面国际形象。

（三）瑞士发展合作署

职业教育和培训可以为减贫作出决定性贡献，高质量的职业技能发展使受训人员能够在劳动力市场立足，找到并保住具有体面工作条件的工作。瑞士发展合作署与其他公共部门和私营部门合作，制定适合市场需求的培训计划，目标是惠及全球伙伴国家的经济发展。

瑞士发展合作署优先关注撒哈拉以南非洲和南亚的重点国家，包括那些受到武力冲突和人道主义危机影响的国家，致力于推动可持续发展在全球范围的实现。瑞士发展合作署希望确保年轻学员接受培训后能够找到工作并为生产力增长作出贡献，其目的是增加培训机会，并确保所有阶层的人口，包括穷人和富人、妇女和男子、城乡居民都能从中受益。

具体措施包括支持职业技能发展，通过为学员提供参与劳动力市场所需的专业技能，鼓励学员学习发展当地经济所需的专业能力，让他们以雇员或个体经营者的身份参与正规或非正规的劳动力市场，在劳动力市场上实现就业。瑞士发展合作署利用瑞士的经验来促进其伙伴国家的制度变革，并使这些国家的培训体系与劳动力市场更加紧密地结合起来。例如，更加重视实践培训以及让私营部门参与课程开发。根据具体情况和背景，瑞士发展合作署建议在义务教育课程中纳入某些行业的入门模块。事实证明，职业咨询服务在中学很有用。理想情况下，职业技能发展应在基础教育和工作世界之间架起一座桥梁。考虑到这一点，瑞士发展合作署通过加强私营部门和创造就业机会的活动来补充职业技能发展计划。

（四）瑞士联邦经济事务总局

瑞士联邦经济事务总局主要面对的是先进的发展中国家和正处于转型期的国家，致力于推动其经济的可持续增长，包括强化私营部门的专业能力，解决活跃领域熟练工人短缺的问题。

瑞士联邦经济事务总局支持将市场导向的专业知识纳入中等和高等职业教育和培训。私营部门是瑞士联邦经济事务总局活动的核心，只要能够找到具有适当技能的劳动力，私营部门下充满活力和创新的产业以及快速发展的企业就能够创造大量就业机会。瑞士联邦经济事务总局的项目涉及在当前双元制教育体系中发挥积极作用的职业学校和企业，通过促进高等教育领域部门与私营部门之间的对话，能根据企业的需求调整员工的技能并缩小技能差距。

为了使培训计划满足劳动力市场的需求，瑞士联邦经济事务总局积极促进私营部门、公共部门和职业学校之间的对话，其中涉及利用在职培训等方式促进职业培训的"双元化"。此外，瑞士联邦经济事务总局支持国际劳工标准的实施，数字化转型、环保生产流程和性别平等也在瑞士经济社会发展中发挥着重要作用。

（五）瑞士联邦移民局

瑞士联邦移民局有时也会开发职业教育和培训项目，并将其纳入瑞士移民政策的一部分，这将会帮助移民原籍国增加就业机会。目前，瑞士已与阿根廷、澳大利亚、加拿大等14个国家签订了实习生交流协议，使年轻人能够在国外完善他们的专业和语言知识，实习只能在所学专业或所学学科领域内完成。

除联邦机构外，还有其他合作伙伴也参与了瑞士职业教育国际合作项目。在瑞士国家形象委员会的支持下，瑞士大使馆及瑞士科技文化中心承担着国外联络点的角色，联系感兴趣的国外伙伴，这些传播活动提高了瑞士职业教育体系的国际知名度。各相关机构分别采取了各类不同形式的措施，如信息交流、提供更具针对性的咨询和援助服务、项目合作的方式等，确保战略目标成功实现。这些活动旨在促进发展、对外贸易和国际移民政策。

瑞士也与联合国教科文组织、经济合作与发展组织、国际劳工组织等多家国际组织合作，在许多国家开展职业教育国际合作活动，在国际化大背景下推动瑞士职业教育持续完善，减少贫困和不平等现象，为实现更好的教育创造条件。公私部门积极合作，在外积极推广瑞士国家形象，鼓励可持续经济发展。

第三节　瑞士联邦职业教育和培训大学的国际参与

瑞士联邦职业教育和培训大学是瑞士开展国际合作的国家联络点。作为瑞士国际合作领域的专家组织之一，瑞士联邦职业教育和培训大学通过多种方式为联邦机构提供支持，包括为项目提供技术支持、代表瑞士出席国际会议、接待代表团等。瑞士联邦职业教育和培训大学为实施职业教育和培训国际合作的联邦战略作出了重大贡献，从而为加强瑞士双元制职业教育和培训计划提供了助力。下面从提供国际化专业知识和提供培训课程两方面重点阐述。

一、提供国际化专业知识

瑞士联邦职业教育和培训大学的咨询服务面向国家职业教育体系内的所有利益相关者，例如政策制定者、职业学校、有兴趣提供学徒培训的企业、行会组织和其他参与者。通过提供各种方法，该大学帮助伙伴国家的职业教育体系更好地应对劳动力市场需求，包括为职业教育从业人员提供教学培训、制定职业教育框架、制定基于情境的培训计划，对职业教育和培训方面的项目进行评估和成本效益分析，以及建立职业教育和培训能力中心。

（一）针对瑞士职业教育参与者的培训

瑞士联邦职业教育和培训大学在为瑞士国内外的职业教育参与者提供培训方面具有丰富的专业知识和实践经验。事实证明，该大学的情境教学法在帮助学习者获得专业能力方面既严格又有效。职业学校教师、行业课程讲师和考官都接受过这一方法的培训。

该大学在为职业教育参与者提供培训方面拥有多年的经验，能够针对不同层次、不同要求设计和实施培训理念。教学和学习通常会受到国家、民族及其历史文化等相关因素的影响，该大学能够根据不同国家、文化背景的职业教育参与者的最近发展区，为其制定和实施相应的培训课程。这些培训是基于能力的培训，旨在使参与者学会如何在实践过程中进行相关应用。培训者可以根据具体的可行性和工作量为参与者量身定制各种形式的培训。

（二）研究与发展

除教学外，研发也是瑞士联邦职业教育和培训大学的核心能力之一，主要与从事职业教育和培训的国家、国际机构以及国内外的高等教育机构协调合作。该大学的研究活动分为三个全国范围协调的研究领域：瑞士职业教育体系内的培训和学习、职业教育与劳动力市场的融合、职业教育和培训的战略规划。此外，该大学成立了职业教育和培训观察站，旨在监测影响职业教育和培训的最新趋势。2009 年，该大学成立了评估机构，负责评估课程、项目和其他职业教育和培训活动。该评估机构依据瑞士评估协会的评估标准，提供与参与者相关的评估结果。此外，该评估机构还提供向其他国家的人员开放的评估培训课程。每两年，该大学在佐利科芬组织一次瑞士职业教育和培训研究大会，吸引了来自世界各地的研究人员，为与会者提供了展示他们各自的研究成果并就当前与职业教育和培训相关的话题交换意见的机会。

（三）项目与合作

目前，瑞士联邦职业教育和培训大学在不同的合作项目框架内与保加利亚、新加坡、印度、北马其顿等 60 多个国家的各部委、机构及协会在职业教育和培训领域保持联系，合作主要集中在项目研发方面，但也特别注重创建交流计划和实施培训计划。

以北马其顿为例，北马其顿是欧洲失业率最高的国家之一，尤其是年轻人。年轻人失业的关键原因之一是其教育和培训体系没有为年轻人提供经济发展所需的职业技能。在与北马其顿的合作项目中，瑞士联邦职业教育和培训大学的主要职责是通过更多的公私合作伙伴关系，在以劳动力市场为导向的正规职业教育和培训的机构层面提供支持。合作项目的主要目标是以社会包容性和可持续发展的方式为北马其顿的年轻人，尤其是弱势群体创造更多有收益的就业机会，使年轻人可以通过有效的公私合作伙伴关系获得高质量的中等职业教育和培训。合作项目主要针对所有年龄在 15—29 岁的各族裔青年男女，项目内容涵盖从初等教育到中等教育的过渡，以及从教育到就业的过渡。该项目的主要目标群体包括公共和私人职业技能发展提供商、职业教育和培训学校、企业、相关机构，职业教育和培训中心及成人教育中心，负责正规职业教育和培训以及非正规职业技能发展的部委、地方当局、北马其顿经济商会及其相关协会。

合作项目于 2018 年 3 月开始实施。瑞士联邦职业教育和培训大学通过机构能力建设和对职业教育参与者进行培训，支持"通过公私合作伙伴关系开展以劳动力市场为导向的正规职业教育和培训"项目，具体包括职业教育和培训质量保障、瑞士公私合作、瑞士职业教育和培训立法、改进企业内部导师培训的研讨会，以及为教师开发混合学习的在线课程。项目预计于 2026 年 7 月结束，以期解决北马其顿正规和非正规教育以及培训系统提供的技能与经济需求之间的不匹配问题，从而提高该国年轻人的就业能力。

（四）制定培训计划

瑞士联邦职业教育和培训大学通常能够识别与劳动力市场相关的能力，并将其纳入基于能力的培训计划中。这种基于能力的定向方法是通过分析具体的工作情况并在此基础上设计培训内容而实现的。瑞士制定了这一方法，作为审查和修订瑞士职业教育和培训计划课程的一部分。该方法在瑞士国内已被证明是行之有效的，并已在国外多个项目中得到成功应用。

瑞士联邦职业教育和培训大学创建能力档案和培训计划的方法已成功应用于国外环境中，这种方法很容易适应不同的文化和经济条件，并且可以应用于各种不同的情况。这种方法需要通过3—4天的研讨会来创建能力档案，并向合作伙伴展示如何使用该方法，目的是帮助合作国家和组织了解如何创建与劳动力市场需求相关的能力档案，并确保其能够根据这些能力档案设计培训计划。虽然制定培训计划需要更多的时间，但这一开发阶段通常可以在完成该大学为期两天的入门课程后由合作国家或组织处理。

凭借多年来在50多个不同项目中审查和修订职业教育和培训课程的经验，瑞士联邦职业和培训大学年复一年地继续制定国内外的培训计划。

二、瑞士国际职业教育和培训学院课程

瑞士联邦职业教育和培训大学提供了形式多样的课程，在教学、方法或系统层面上支持职业教育的所有形式的能力或技能发展。课程的特点是强调获得在实际工作中易于操作的技能，为了实现这一点，需要保证课程有效、严格并适用于国际环境。为了满足这些要求，该大学需要定期提供相关课程，使参与者能够体验和理解瑞士职业教育和培训模式，能够有效地表达该模式以及情景化职业教育和培训——一套由瑞士联邦职业教育和

培训大学开发的行之有效的职业教育与教学方法。

培训课程主要包括以下三个方面。

（1）了解瑞士的职业教育体系。这门课程的目的是让参与者深入了解瑞士职业教育和培训的运作模式。瑞士的双元制职业教育体系建立在国家和工作世界之间的伙伴关系基础上。一方面，负责协调和监督该体系的公共权力机构是瑞士联邦政府和各州政府，它们负责组织职业学校的教学，并提供部分资金；另一方面，决定培训课程和考试内容的私人机构（即企业和行会组织）提供学徒制，并为该体系提供资金。这门课程的目的是使参与者能够与瑞士职业教育领域的成功人士直接互动，以了解每个人在这个复杂的参与者群体中的角色。

（2）高级教学法。这门课程通过提出职业教育创新教学法的概念，以全新的视角看待所谓的教学艺术。课程主要探讨现代方法的学习以及培养基于质量的培训态度。许多国家逐渐认识到通过高质量教学和监督提高职业教育和培训的重要性和潜力。事实上，如果教学方法最终不能引起学习者的注意，那么再好的职业培训制度也没有价值。教学和学习必须从学习者的角度进行思考和概念化，这就意味着必须寻找和探索为学习者服务的新的教学方法，以提高教学和指导的有效性。

（3）职业教育学基础。这门课程旨在为现代职业教育学奠定基础，参与者将在课程中探索这些概念及其在专业教学和优质教学中的实施方法。课程涵盖的关键主题是探讨最适合职业教育和培训的方法和工具。听取瑞士联邦职业和培训大学专家的意见、参加工作会议和开展个人工作以及访问瑞士的三个学习场所——企业、职业学校和培训中心——也是课程的组成部分。

第九章
瑞士职业教育的未来愿景与挑战

第一节　瑞士《2030 职业教育发展使命宣言》

　　瑞士职业教育和培训是一种成功的模式，应该继续保持下去。要实现这一目标，瑞士必须准备好迎接未来的挑战，这意味着它必须应对数字化、工作流动性和灵活性增加、需求增长和全球化等大趋势。瑞士的职业教育体系由学徒制、联邦职业高中会考、高等职业教育以及与工作相关的继续教育和培训组成，已经做好了进一步发展的准备。这一体系的最大优势是以劳动力市场需求为导向、形成课堂学习和企业培训的双重体系、遵循公私三方联合治理机制，确保其牢固地融入瑞士的经济和社会，这也是该体系进一步发展的坚实基础。

　　2016 年，负责瑞士职业教育的公私合作伙伴发起了在 2030 年之前的 15 年内开发职业教育体系的计划。同年，瑞士职业教育公私合作伙伴、联邦政府、各州和行会组织启动了一项共同宣言——瑞士《2030 职业教育发展使命宣言》（简称"使命宣言"），该宣言定义了瑞士职业教育和培训的一些关键要素，提出通过调整职业培训以应对未来的挑战来预测社会变化和劳动力市场的演变。宣言中制定了应对数字化、工作流动性和灵活性增加、需求增长和全球化等大趋势的战略指导方针，使职业教育和培训能够应对未来的挑战。它为联邦政府、各州政府和私营部门（公私合作伙伴）的联合治理和目标导向行动奠定了基础。

一、愿景和使命

愿景：瑞士的职业教育体系确保了瑞士的繁荣，其主要由经济支持，并为就业市场提供主要资格证书。瑞士职业教育保持对所有人的吸引力和开放性，为个人在职业生涯的任何阶段和任何职业情况下的发展提供了前景。瑞士职业教育得到了国家支持，并获得了国际认可。它植根于实践，有广泛的基础，为社会所认可。

使命：职业教育和培训是瑞士教育体系的核心部分，适应劳动力市场和社会的需求。这需要灵活的、具有渗透性的教育模式，且提供个性化的学习途径。职业教育和培训可预测未来发展并作出相应的调整，职业教育毕业生要紧跟发展的步伐，就需要获得现代的、以能力为导向的培训内容。瑞士联邦、各州和行会组织共同承担职业教育和培训的责任，共同致力于创建高效的培训结构和取得高质量的培训成果。

二、战略指导方针

为实现上述使命，公私合作伙伴拟定了若干战略指导方针。

瑞士的职业教育和培训为人们提供了劳动力市场所需的可持续技能，让来自不同教育和专业背景的学习者能够进入或重新进入劳动力市场，为学习者的终身学习发展和融入社会提供了前景。

瑞士职业教育可以促进个人学习途径和职业的发展。瑞士保持对线性和非线性教育途径的开放态度，并认可学习者从正规、非正规和非正式教育中获得的技能。同时，职业教育途径在横向和纵向都具有高度渗透性。通过协调提供中等职业教育、高等职业教育、与工作相关的继续教育和培训，与其他教育领域一起确保教育体系的渗透性和灵活性，使学习者在每个阶段都可以进行横向和纵向的发展。设计以劳动力市场为导向的教育计划，并创建适应性强的培训体系。通过这种方式，新的教育内容和项目便可以快速地整合在一起。

公私合作伙伴为瑞士职业教育体系制定了质量标准。职业教育教师和培训师运用有效且最新的方法和技术，努力在所有学习场所和各级教育中实现高质量发展。通过及时监测行业趋势和发展并富有远见地采取行动，瑞士职业教育始终处于前沿的水平。实践创新和研究成果以及与其他国家的交流为瑞士职业教育提供了重要基础。

通过努力，瑞士职业教育在国内和国际上都得到认可，致力于实现职业教育的社会和经济价值。瑞士职业教育毕业生在国际劳动力市场上很抢手，他们的资格证书也得到了国际上的认可。同时，瑞士政府积极帮助年轻人认识职业教育的机遇和可能性，并熟悉这一体系。

最后，瑞士职业教育体系具有完整高效的组织架构，以及健全的财务基础。瑞士联邦、各州和行会组织以公平、适当和透明的方式分配任务、权力和责任，还确保了安全的融资，为所有利益相关者带来双赢的局面。

公私合作伙伴根据战略指导方针启动了大约 30 个项目，重点关注以下 6 个领域。

（1）提供面向终身学习的职业培训：检查当前培训课程，以测试其是否适合终身学习；制定将正式和非正式技能运用于正式职业培训的具体模式；将弱势群体纳入职业培训。

（2）数字化和新技术：在职业教育和培训中提供数字化教学和技术学习网络；在继续教育和培训中使用数字技术；调整教学辅助工具，促进职业教育和培训负责人的提升；简化数字化行政实践。

（3）在整个教育和职业生涯中加强信息和咨询活动：优化职业选择过程；将职业生涯、职业研究和职业指导作为成年人所有职业变化情况下的关注点；制定职业生涯、职业研究和职业指导的继续教育和培训战略；在职业生涯、职业研究和职业指导中推广良好的实践；促进女性的职业选择；开发工具，让家长及时参与职业选择的过程。

（4）提高培训的灵活性：使职业学校教学模块化，并将模块用于职业培训；发展灵活的成人培训模式；在培训的最后一年增加专业化的机会；根据目标受众的需要制定有针对性的方案。

（5）减少监管程序，简化官僚主义：审查和消除行政上的障碍，简化监管流程。

（6）优化治理和加强联合伙伴关系：评估联合伙伴机构（委员会、团体等）的必要性和有效性，并在必要时通过新技术加强伙伴关系；简化资金流动并改善激励机制；确保融资安全；提高国家职业培训行动者对该职业教育和培训制度的认识；改善州际合作，促进协调。

职业教育和培训的三方会议负责批准和支持各种项目，而瑞士联邦、各州或行会组织（私营部门）负责保证这些项目的实施。

三、项目示例

下面以瑞士教育科研与创新国务秘书处负责实施的终身学习领域中的"提升居民劳动力潜力项目"为例来简要说明。

瑞士联邦委员会打算促进本国居民填补瑞士劳动力市场的空缺，因此于 2019 年 5 月决定采取一系列措施，增加居民劳动力的就业机会，并加强老年失业人员的社会保障。

工作世界瞬息万变，需要积极规划自己的职业生涯。瑞士联邦委员会和社会合作伙伴希望帮助 40 岁及以上的本国居民定期分析其个人状况和职业需求，以增加其在劳动力市场的机会。通过这种方式，居民个人可以及时了解到自身专业水平的变化，以及可能需要进行继续教育和培训以保持就业能力的情况。在此背景下，瑞士教育科研与创新国务秘书处代表联邦委员会决定，资助开发为 40 岁及以上居民免费评估个人就业能力和潜力并提供专业建议的服务。

2020 年，瑞士职业、教育和职业指导主任会议（Swiss Conference of Directors of Occupational, Educational and Career Guidance, KBSB）开发了一项名为"viamia"的咨询服务，该服务旨在对 40 岁及以上居民的个人情况进行评估，并对其就业潜力和职业取向进行分析。这项服务由瑞士职业、教育和职业指导主任会议代表瑞士州教育部委员会管理，各州负责这一服务的注册和实施，咨询工作由各州的职业、教育和职业指导服务处负责。

2021 年，viamia 作为试点项目在瑞士十几个州运行。受访者的个人情况评估结果将作为从工作和个人角度分析了解个人的专业情况、需求目标和确定就业潜力的参考依据。有关人员将与职业顾问一起制定具体措施，以保持和提高受访者的就业能力。总的来说，瑞士民众对这项服务的用户满意度较高。调查结果显示，受访者期望的主要变化包括为低技能人群、个体经营者或打算重新进入劳动力市场的人提供更多的服务，主任会议随后做出了必要的调整。从 2022 年 1 月起，viamia 为瑞士各地 40 岁以上的人士提供服务。2023 年上半年，使用这一服务的人数较上一年大幅增加，截至 2023 年夏天已有近 8 500 人使用了这一服务。

第二节　瑞士职业教育和培训中的数字化战略

数字化正在深刻地改变我们的生活，对经济结构变化和增长也有着重大影响。对于瑞士这样一个自然资源匮乏的国家来说，充分发挥数字化的潜力至关重要，而职业教育和培训在这方面发挥着重要作用。

一、瑞士的职业教育与数字化

职业教育和培训离不开经济和教育的发展。瑞士拥有世界上最行之有效、最受认可的职业教育和培训系统之一。几年前，人们普遍认为由于数字化、自动化和机器人技术的发展，相当大比例的职业将在短时间内消失，一场新的工业革命（也称为"工业 4.0"）即将到来，而且要比以往任何一场工业革命都更加激烈，这在社会中引起了强烈的不安全感和不稳定感。随着时间的推移，这种观点被更为乐观的立场所取代，即认为机器相对于人类的优势在于它们能够代替人工执行日常的、可编码的任务，同时人类在提供解决问题的技能、适应性和创造力方面仍然存在优势。

对教育领域数字化的重视有助于提高人们保持技术更新的意识。数字化不再是不安全感和恐惧的来源，而是可以视其为一个积极的挑战，更为重要的是，其在保持经济优势和全球竞争力方面是一个可被利用的机会。从这个意义上说，国家可以为这种有利的环境提供经济政策支持。2016年4月，瑞士联邦政府通过了"数字瑞士战略"，并在此基础上发布了一份关于数字经济框架条件的报告，该报告于2017年1月发布，对劳动力市场、研发、共享经济、数字金融和竞争政策这五个领域进行了深入分析，并提出了八项具体措施来改善数字经济的框架条件。① 其中包括一项关于"深入分析教育和研发领域的挑战"的措施，以"评估数字化对教育系统的横向和纵向影响"，并了解"职业教育和培训（中等职业教育和培训、高等职业教育和培训）与瑞士大学（学院培训）可以在培养新员工方面作出充分贡献"。2017年7月，瑞士联邦政府发布了另一份关于数字化对培训构成挑战的具体报告，其中确定了八个行动领域。② 该报告证实了对数字化转型的必要性应给予足够的重视，例如重点提高数字素养、数字技能、先进制造技术、计算思维，以及在信息技术和计算机科学领域进行基础研究所需的技能。

在此大背景下，瑞士在职业教育领域也制定了相关数字化战略。2016年，瑞士政府与职业教育利益相关者合作推出了《2030职业教育发展使命宣言》，旨在进一步发展瑞士职业教育体系。需要重点关注的领域是通过2016年举行的投票来确定的，69%的投票者认为数字化注定会对职业教育体系的演变产生非常强烈的影响，因此这是最重要、最紧迫的大趋势。工业4.0不会大幅减少就业岗位；相反，它将取代某些职业，从而将诞生一批需要新技能的新兴职业。因此，需要缩小和重新界定根本挑战，以确保从中等职业教育开始对劳动力进行基本培训、继续教育和再培训。瑞士中等职业教育和培训的核心课程长期以来一直关注数字能力的培养。2022年瑞士政府开发了《职业教育和培训数字化转型指南》，它是为负责职业教育和培训的机构设计的重要工具。在职业发展过程中，这一指南可以帮助人们识别数字化转型的不同方面，并将其整合到专业领域定义的操作技能中。

---

① 资料来源于瑞士联邦政府网站。
② 资料来源于瑞士教育科研与创新国务秘书处网站。

对于职业教育和培训来说，如何确保职业教育体系的发展并使其能够满足就业市场的新需求是瑞士政府始终关注的问题。这意味着在维持现有职业的基础上，既要促进新职业的产生，又要促进劳动力在这种新型经济竞争中发展所需的技能，必要时要为他们提供技能培训的机会。人们逐渐意识到需要对学徒进行数字能力与横向技能（例如与解决问题、批判性思维、创造力、灵活性、适应性、复原力、时间管理、沟通、协作、创业和跨文化相关）的必要培训，因为这两种能力的结合对于正确应对数字化转型的挑战是有价值且富有成效的。

二、数字化过程中瑞士劳动力市场技能要求的变化 [①]

工作场所数字化转型对职业教育和培训领域中的职业、资格和能力要求有着深远的影响，这些影响反映在劳动力市场的各个层面，特别是在部门、职业、活动、资格和个人能力层面。瑞士联邦经济事务总局指出，有必要对劳动力市场要求的资格和技能与数字化相关的变化进行深入分析。为了调查过去十年数字化给瑞士劳动力市场带来的技能要求的变化及其对职业教育和培训的影响，瑞士联邦职业教育和培训学院于 2017 年做过一项关于数字化对劳动力市场技能要求发展影响的研究，着重调查以下问题：在过去的十年里，劳动力市场对能力的要求发生了怎样的变化？员工的能力适应劳动力市场要求吗？哪些能力在劳动力市场上变得越来越重要，又有哪些能力变得越来越不重要？

（一）研究方法

研究采用多种方法，包括文献分析、探索性专家访谈，概述了瑞士的数字化特点。一方面，对 2006 年至 2015 年间劳动力市场的职业、活动和资格变化进行统计分析，包括对瑞士劳动力调查和就业市场监测的数据，重点调查特定行业和就业的发展。另一方面，对为企业数字化转型过程提

①　资料来源于瑞士联邦职业教育和培训大学网站。

供咨询的商业顾问、人力资源经理和高管、职业教育和培训代表以及一个招聘机构进行访谈，记录哪些具体能力因数字化而变得更加重要或更加不重要，以及这些能力如何在数字化过程中适应行业、专业和企业的发展。此外，还组织研讨会，以五个职位类型的能力要求的变化为例进行了深入探讨。

（二）研究结果和发现

研究发现，劳动力市场的活动状况正在发生变化，既有职业之间的变化，也有职业内活动组合的变化。瑞士服务业以及技术和计算机科学领域的就业人数增长趋势相对强劲，而工业、商业、建筑业和农林业等传统行业逐渐失去了其重要性。从更深层次来看，可以观察到许多与数字化有关的行业发展情况。由于新技术的出现，机械工程、金属加工、邮政和电信方面的职业数量有削减趋势；相反，从事计算机科学和工程职业的人数大幅增加。在服务业中，商务和办公服务的职业有所下降，而许多其他职业如广告和营销、银行和保险、房地产、人事、护理、教育相关等出现增长。这说明在自动化替代了一部分职业的情形下，一些对高技能服务领域职业的需求应运而生。然而，对于几乎无法进行自动化的相对低技能领域，如门卫、房间清洁工或厨房服务人员等的岗位需求正在增加。

研究发现，几乎所有职业都受到数字化的影响。数字工具要么被用来补充劳动力，要么已经取代了某些活动。特别是在物流和生产行业（以及部分服务业），工人的工作岗位被取代，这也反映出职业正在向服务业持续转变。在社交互动比例较高的职业中，新的数字工具更具支持性，并为工人提供了新的机会。近年来，很少有职业已经完全消失或部分消失，只有大型机专家和装配线工作的重要性大幅下降。然而，一些新的职业如汽车机电工程师、汽车诊断师、数据分析师等也顺势兴起。同时，职业活动中最大的变化是新的数字工具的使用，越来越多的活动开始在计算机或计算机辅助下进行。

此外，随着劳动力市场的数字化，数据处理和分析、流程理解、网络化思维、跨学科能力、"软技能"（灵活性、客户关怀、团队精神）、创新性思维、沟通能力、批判性思维、分析能力和互动能力的重要性日益增加。这一点在使用数字工具时尤其明显，因为它们应用于某些专业场合，并相应地具有特定的方向性或定向性。

研究还发现，有六类由于数字化而需要新的技能改变的情况：（1）同事之间的沟通由于数字工具辅助手段而正在加强并发生变化；（2）在与客户的互动中，双方也越来越多地使用数字工具；（3）协作使用影响自己工作流程的复杂数字算法进行工作；（4）对采用数字装置和数码设备的仪器进行诊断；（5）个人工作使用大量数字文档；（6）处理大量数据。所有这六类情况都可以与不同的职业和所有资格等级相关。研究表明，数字化并不是新能力要求的孤立触发因素，而是可以观察到的与其他驱动因素的复杂互动。

企业技能的调整要么在工作中进行，要么通过培训和继续教育进行。在此背景下，终身学习变得越来越重要。由于这些变化，工作所需的技能水平也有所提高。此外，专家们尚未发现近年来瑞士各语言地区在技能要求方面的变化存在任何重大差异，也没有证据表明劳动力市场存在不匹配的现象。

研究还发现，以下三个技能领域主要受到数字化的影响，分别是：文件和管理（如订单数字化管理）、生产过程中的数字技术（如3D打印），以及与客户和同事的沟通（如社交媒体、数字网络的使用）。

这项研究明确了瑞士劳动力市场的变化，这些变化主要是随着数字化转型背景下企业任务需求的变化而产生的，说明了这些变化对行业、职业、资格和能力的影响。该研究加强了对数字化和新技术如何通过新产品、新生产流程或新分配方式影响不同层次劳动力市场的理解，以及数字化将会为职业教育领域下的工作和所需的能力带来何种影响。总的来说，在过去五到十年里，劳动力市场中的数字化趋势影响到所有部门和职业，但迄今为止对劳动力市场的影响相当温和。技术和服务类职业变得越来越重要，分析性和交互式活动较多的职业正在增加，而体力型活动的职业正在减少；活动的变化发生在职业之间和职业内部。在适应新数字技术的过程中，交叉技能和专业技能越来越重要。研究中几乎没有发现劳动力供需不匹配或两极分化的趋势，这表明瑞士的劳动力市场和教育体系迄今为止能够应对数字化的挑战，教育体系渗透性的扩大和应用科学大学的扩张在这方面发挥了重要作用。职业教育体系能够更好地帮助毕业生做好应对技术变革的准备。

与此同时，技术发展给瑞士教育体系带来了新的挑战，例如在"数字素养"的有效性和利用数字化高效教学、面向就业和普通教育培训路径的最佳组合、教育和培训的深度和广度方面提出了新的要求。在正在进行的数字化转型中，许多职业并不是全新的，也不会完全消失，但是需要不断适应新的工艺和新的产品。因此，课程需要定期调整，以确保课程与劳动力市场的持续发展之间的密切联系。在新技术和数字化转型影响下，应定期更新职业教育培训课程和培训法规，为学习者提供采用新技能并学习如何将技术变革融入工作场所的机会，最终提高他们的就业能力，并帮助他们适应工作场所的变化，从而适应现代化数字能力和劳动力市场的要求。

参考文献

［1］INSEAD（2022）. The Global Talent Competitiveness Index 2022：The Tectonics of Talent：Is the World Drifting Towards Increased Talent Inequalities? Fontainebleau，France［R/OL］.（2022–）［2023–02–15］. https://www.insead.edu/sites/default/files/assets/dept/fr/gtci/GTCI–2022–report.pdf.

［2］OECD（2022）. Education at a Glance 2022：OECD Indicators. OECD Publishing，Paris［EB/OL］.（2022–10–03）［2023–03–05］. https://doi.org/10.1787/3197152b–en.

［3］SCCRE（2023）. Education Report Swizerland 2023. Aarau：Swiss Coordination Centre for Research in Education［EB/OL］.（2023–03–07）［2023–04–25］. http://www.skbf–csre.ch/en/education–report/education–report/.

［4］Bughin，J.，Ziegler，M.，Mischke，J.，Wenger，F.，Reich，A.，Läubli，D.，Sen，M.，& Schmidt，M.（2018）. The future of work：Switzerland's digital opportunity［R/OL］. McKinsey & Company.（2018–10–06）［2022–05–10］. https://www.mckinsey.com/~/media/mckinsey/featured%20insights/europe/the%20future%20of%20work%20switzerlands%20digital%20opportunity/the–future–of–work–switzerlands–digital–opportunity.pdf.

［5］Ogilvie，Sheilagh C. 2011. Institutions and European Trade: Merchant Guilds，1000–1800［M］. Cambridge：Cambridge University Press.

［6］Breiding，James R. 2013. Swiss Made：The Untold Story Behind Switzerland's Success［M］. London：Profile Books.

[7] Federal Act on Vocational and Professional Education and Training (VPETA) [EB/OL]. (2002-12-13) [2022-04-10]. https://www.fedlex.admin.ch/eli/cc/2003/674/en.

[8] Ordnance on Vocational and Professional Education and Training (VPETO) [EB/OL]. (2003-11-19) [2022-04-10]. https://www.fedlex.admin.ch/eli/cc/2003/748/en.

[9] Schweri, J., Aepli, M. & Kuhn, A. (2021). The costs of standardized apprenticeship curricula for training firms. Empirical Research in Vocational Education and Training, 13, 16 [EB/OL]. (2021-07-14) [2022-6-13]. https://doi.org/10.1186/s40461-021-00120-4.

[10] Strupler, M. & Wolter, S., C. (2012). Dual-track VET: a success story – also for host companies [M]. Zürich und Chur: Rüegger Verlag.

[11] Fuhrer M. & Schweri J. (2010). Two-year apprenticeships for young people with learning difficulties: a cost-benefit analysis for training firms. Empirical Research in Vocational Education and Training [J], 2 (2), 107-125.

[12] Bloom, B. et.al. (1956). Taxonomy of educational objectives. The classification of educational goals (Handbook I: cognitive domain) [M]. New York, Longmans Green.

[13] Cedefop (2023). European Inventory of National Qualifications Frameworks 2022 – Switzerland [R/OL]. (2023-02-10) [2023-03-06]. https://www.cedefop.europa.eu/en/country-reports/switzerland-european-inventory-nqfs-2022.

[14] Cedefop (2018). Apprenticeship schemes in European countries [M]. Luxembourg: Publications Office.

[15] Muehlemann, S., Wolter, S.C. (2014). Return on investment of apprenticeship systems for enterprises: Evidence from cost-benefit analyses. IZA Journal of Labor Policy, 3, 25 [EB/OL]. (2014-11-28) [2022-08-06]. https://doi.org/10.1186/2193-9004-3-25.

［16］OECD．（2010）．Learning for jobs: OECD reviews of vocational education and training．OECD Publishing，Paris［R/OL］．（2010–08–10）［2022–3–15］．https://doi.org/10.1787/9789264087460–en.

［17］Dillenbourg，P.，Cattaneo，A.，Gurtner，J. –L.，& Davis，R. L.（2023）．Educational Technologies for Vocational Training – Experiences as Digital Clay.. Swiss Federal University for Vocational Education and Training SFUVET and École Polytechnique Fédérale de Lausanne EPFL［R/OL］．（2023–09–18）［2023–9–20］．https://www.sfuvet.swiss/sites/default/files/2022–10/01–dualt%20book_Educational%20Technologies%20for%20Vocational%20Training.pdf.